# 再建築不可物件 完全読本

入江尚之＋再建築不可物件研究会［著］
株式会社インクコーポレーション［監修］

LYCHEE BOOKS

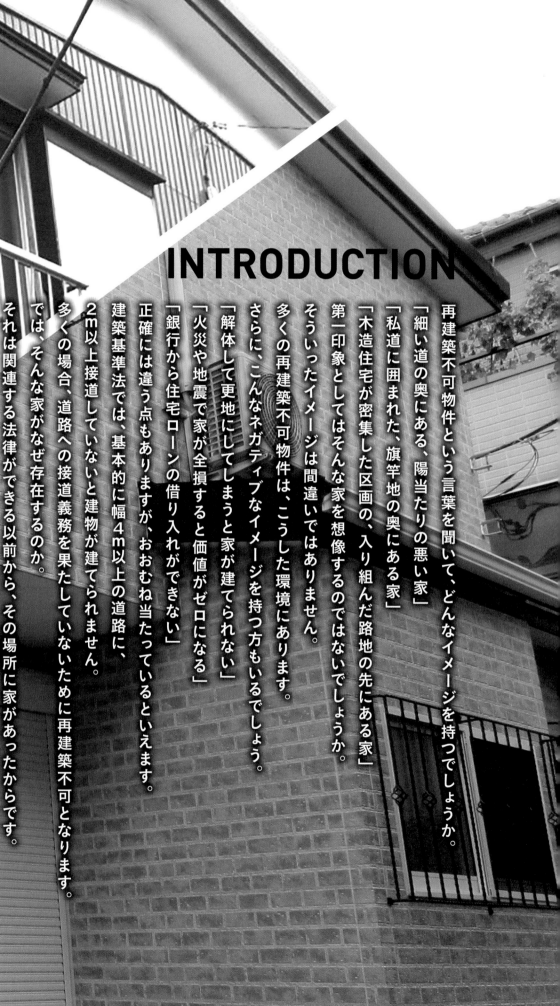

# INTRODUCTION

再建築不可物件という言葉を聞いて、どんなイメージを持つでしょうか。

「細い道の奥にある、陽当たりの悪い家」
「私道に囲まれた、旗竿地の奥にある家」
「木造住宅が密集した区画の、入り組んだ路地の先にある家」

第一印象としてはそんな家を想像するのではないでしょうか。
そういったイメージは間違いではありません。
多くの再建築不可物件は、こうした環境にあります。
さらに、こんなネガティブなイメージを持つ方もいるでしょう。

「解体して更地にしてしまうと家が建てられない」
「火災や地震で家が全損すると価値がゼロになる」
「銀行から住宅ローンの借り入れができない」

正確には違う点もありますが、おおむね当たっているといえます。
建築基準法では、基本的に幅4m以上の道路に、
2m以上接道していないと建物が建てられません。
多くの場合、道路への接道義務を果たしていないために再建築不可となります。
では、そんな家がなぜ存在するのか。
それは関連する法律ができる以前から、その場所に家があったからです。
こうして見ると「何も価値がないのでは？」と思う方も多いでしょう。
しかし、悪いことばかりではありません。
例えば東京23区内の東側エリアでは、
駅から徒歩数分の距離にあるにも関わらず、
２００万～５００万で売買されている物件が少なくないのです。

建て替えや増築、改築は基本的にできませんが、
こうした二束三文で売られている再建築不可物件は
リフォームすることで新築戸建てのように生まれ変わらせることができます。
近年、我が国では空き家問題がクローズアップされています。
とくに都市部では居住者の高齢化とともに処分や相続するケースも増え、
市場における再建築不可物件の流通は増加傾向にあります。
一方で、需要という面でも新たな動きがあります。
コロナ禍や働き方の多様化によるライフスタイルの変化です。
テレワークの普及やおうち時間の増加で、
より快適な住環境を求める人々が増えています。
マンションではなく戸建て住宅に住んで、
趣味に没頭できる空間や、気兼ねなく子育てできる環境を
手に入れたいという人々は多いでしょう。
これから、再建築不可物件の存在はますます
メジャーなものになっていくことは間違いありません。
本書では、再建築不可物件の基本的な情報から、
所有者に向けた売却・賃貸物件としての利活用の方法、
さらにリフォームに当たっての注意点や
ビフォーアフター事例を中心に紹介しています。
再建築不可物件に興味のある方はもちろん、
相続した方、不動産投資家、マイホームの購入を考えている方は、
ぜひ本書を手にとっていただきたいと考えています。

# 「再建築不可物件」完全読本

## CONTENTS

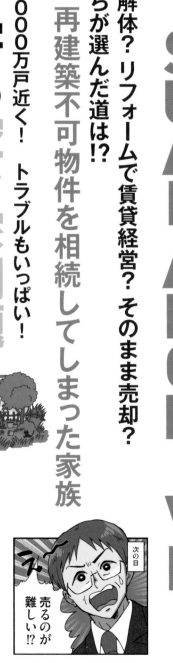



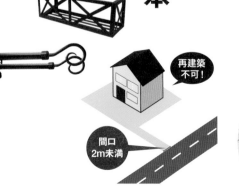

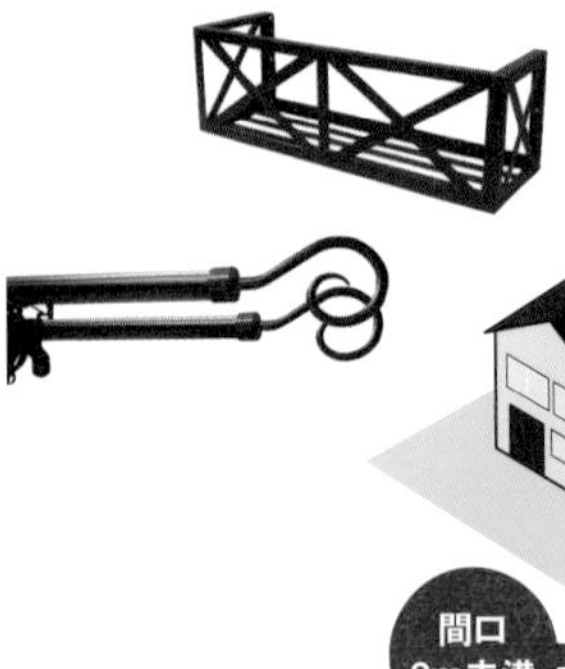

# 不可物件

# VISUAL ARCHIVE

長い間、主《あるじ》のいなかった路地裏のヴィンテージに新たな生命を吹き込む

@葛飾区・新小岩3丁目

@足立区・青井3丁目

# 再建築

いま、東京都だけで
再建築不可の家屋は
約24万戸もあるといわれています(※①)

空き家1000万戸時代に
突入した日本では今後、
再建築不可物件の利活用が
ますます注目されることが予想されます

※①総務省「平成30年住宅・土地統計調査」より算出

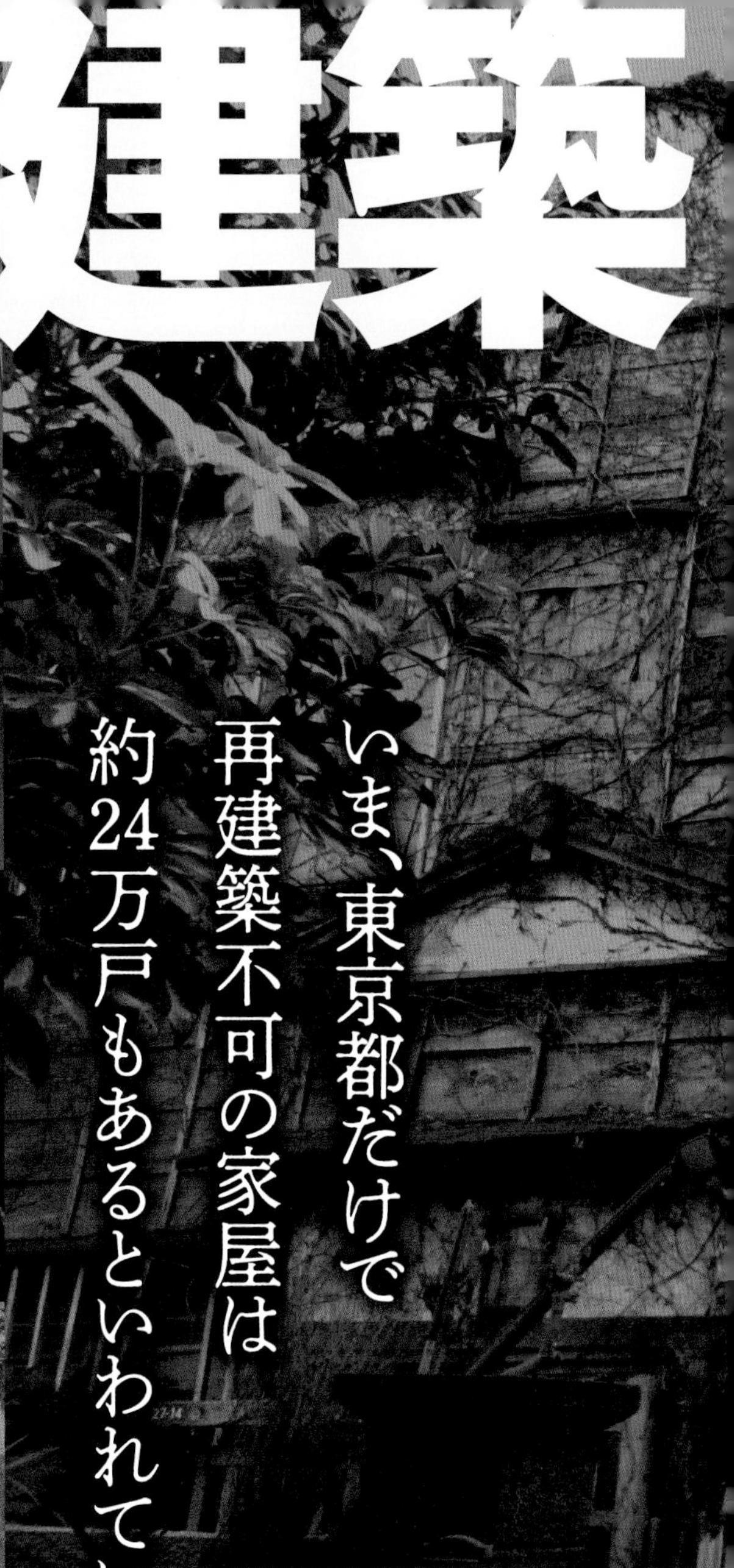

@葛飾区・青戸4丁目

@葛飾区・新小岩3丁目

@葛飾区・東水元2丁目

空き家
01 ABANDONED

再建築不可物件の
リフォームは、
新築と比べて
手間がかかります

主要構造部の一部を
うまく残しつつ、
職人さんが手作業で
リノベーション

@葛飾区・青戸6丁目

# 02 リノベーション RENOVATE

@葛飾区・青戸6丁目

@葛飾区・青戸6丁目

@葛飾区・青戸6丁目

@葛飾区・立石6丁目

@葛飾区・立石6丁目

@葛飾区・亀有2丁目

@江戸川区・東小岩3丁目

@葛飾区・青戸4丁目

# 03 REBIRTH

再生

# 03 REBIRTH 再生

朽ち果てた空き家が
見違えるように
生まれ変わりました
限られた空間を
うまく利用し
居住性を高めた
住みたくなる家に

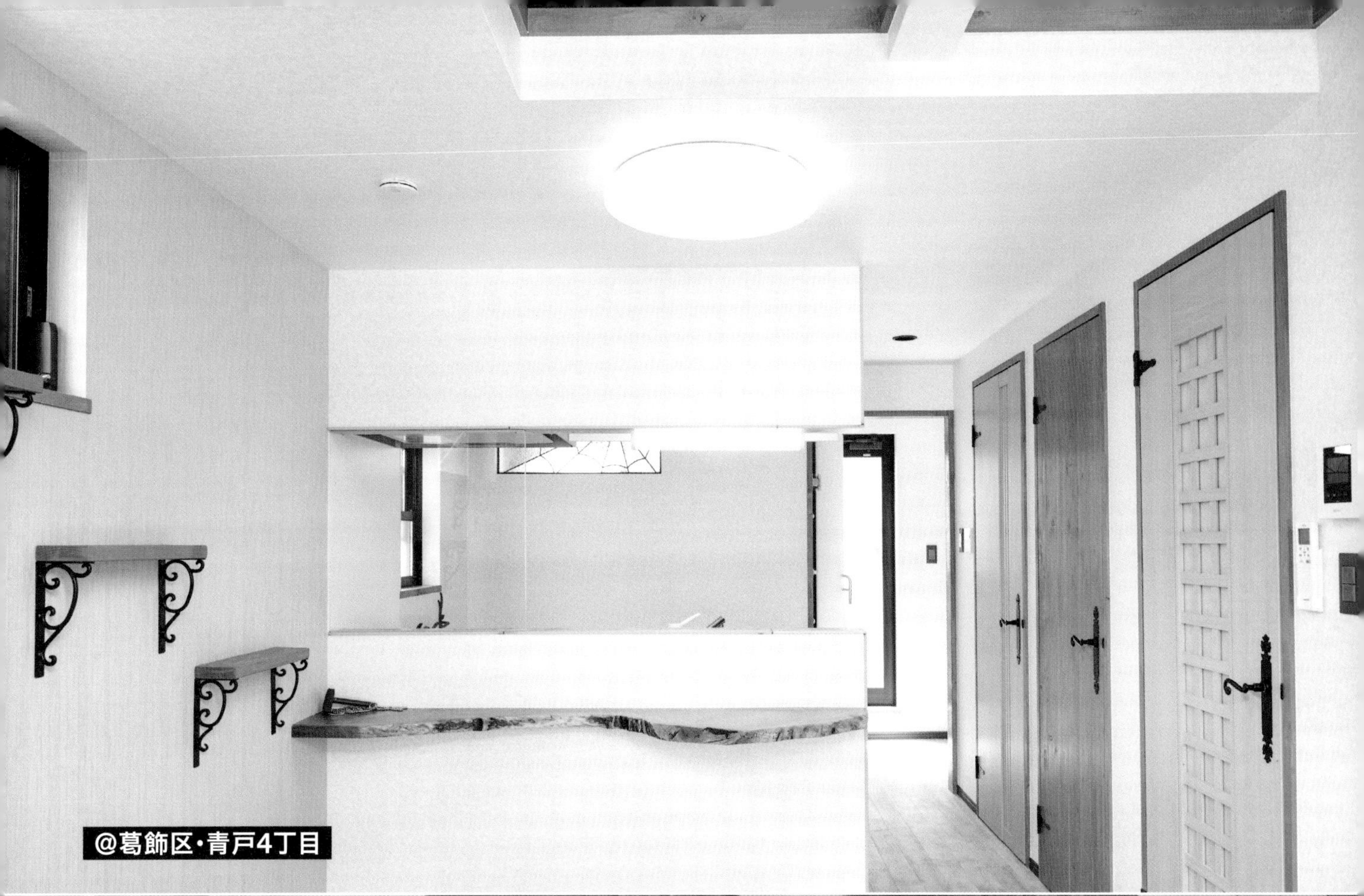

多様化する
ライフスタイルに
合わせた
居心地のいい空間
生まれ変わった
この家で
新たな家族の物語が
始まります

マンガ

# 困った! 再建築不可物件を相続してしまった家族

## 自費で解体? リフォームで賃貸経営? そのまま売却? 子供たちが選んだ道は!?

画／加藤のりこ　原作・文／再建築不可物件研究会

ちょっと、あなたー!!
どうした? さわがしいな
お義父さんの家の近隣住人がすごい剣幕で電話してきて……
深尾の妻
深尾
お義父さんの家、空き家でしょ ハクビシンが住み着いて、ゴミ屋敷になってるっていうのよ!
台風のときは飛んだ瓦が隣の壁を直撃するわ 地震で壁がくずれ落ちそうってクレームが入るし
いい加減どうするか決めてちょーだい
分かった!?
父が亡くなったのは4年前 母もその後、翌年に急逝した
両親は倹約して貯めた少しばかりの貯金と 昔、家族で住んでいた ボロボロの空き家を残した

空き家は兄弟3人で相続したものの、私も弟、妹もみな結婚して
それぞれの生活で精一杯いつしかその存在を忘れていた…
幼い頃の思い出のつまった家を処分するのは気が乗らないが…
少しさみしいがこれを機に手放すか…
そうよ！さっさと売りましょさっさと！
私がいろいろ調べておくわね
次の日
え〜〜
売るのが難しい⁉
どうやら詳しいことは分からないんだけど、
『再建築不可物件』らしいのよ
再建築不可物件？
再建築不可の物件とは、現在ある建物を壊して
新たに建築ができない物件のことを指します

建築基準法では建物を建てるとき、その土地が幅員4m以上の道路に2m以上接していないといけないという接道義務があります
4m
2m
住宅
道路
この条件を満たしていない物件が再建築不可物件です
再建築不可物件
『一般的な物件より流動性が低く、
売却価値も低くなる可能性があります』
『資産価値がないどころか、
最悪の場合に処理や売却にお金がかかるケースもあります』？
継美の結婚費用も貯めなきゃいけないのに〜
←継美(娘)
なんてもの相続したのよ
両親との思い出が負債になっていく…
ごめんね
後日
こら思ったより大変だな
岡平は地元の幼馴染みだ親から継いだ不動産屋を営んでいる。業界事情にも詳しい
相談したところ気前よく引き受けてくれた
岡平

ああああ…
ご近所からの目が痛い
なんとかするんだろうねっ？？
実は業界でも話題になっててさ。
まぁ～やり方次第では
そんな悲観するものでもないよ。
実物件の状態にも
よるけどな
駅からも15分で、
トイレも汲み取り式
基礎もないと思われるのと、
シロアリか雨漏りが
原因で屋根が
少し傾いている状態…
撤去となると解体費用と
残置物処分費で…
150万は
かかるだろうな
ヒッ……
キィィィィー
なんで処分するのに
お金がかかるのよ
でも、方法はある
いま再建築不可物件の
リフォームが不動産業界では
盛り上がっているんだ
で、方法は2つ
ひとつは
自分たちでフルリフォームして
賃貸に出す
大家さんになって
家賃収入が
得られるってこと？
すてき♥

ボロ家の柱や屋根など主要構造部を残して、ほかを全部リフォームする
内部は新築物件と同じだし、法律的な問題もクリアできるんだ
リフォームの場合は…1500万円は必要だな
夢の家賃収入よ投資よ、投資！
老後も安心!!
銀行から借りればいいわけか
言いにくいが再建築不可物件は土地の値段の評価が低いから、基本的にどこも融資してくれないんだ
こんな大金兄弟でかき集めても無理ね
サァアアアア
そんなお金ないよ…
2つ目は？
専門のノウハウと職人さんを抱える、再建築不可を得意とする不動産業者に売却すること
この場合、撤去費用もかからないし、いま再建築不可の相場が上がっているから、兄弟で分けても小遣い以上にはなるかもよ
兄弟で揉めるのも嫌だし、安心できる業者さんに任せて分けましょう
だって処分料がかからないんでしょ
大家も魅力的だけど…それが一番いいな

岡平からの紹介で専門の不動産業者を紹介してもらった
売却価格は300万円 弟も妹も、そして妻も喜んだ
数か月後
もうすぐ完成か
リフォームと思えないくらいきれいね
今の家を売って俺がここに住みたいよ
まるで小さな頃に住んでたままみたいだ
一軒一軒の空き家には、かつてそれぞれの家族の暮らしがあった 新たに生まれ変わった家で、また新しい家族の物語がはじまる
さ、俺たちの家に帰るか

解説

## 相続者からの相談が実際に増えている

成り行きで相続してしまった再建築不可物件がトラブルのもとに……漫画に登場する深尾さん一家のエピソードは、決して珍しいことでも、他人事でもありません。

「再建築不可物件絡みのご相談で一番多いのは、相続した後の処理。高齢化が進むにつれ、ますます悩みや相談は増えるでしょう。なお日本においてはこれから先、法律的にも〝黙って見ないふり〟や放置ができなくなるよう、外堀が埋まっていきます。少しでも有効に処理する方法をみつけるため、専門業者に相談することをオススメします」（都内の不動産業者）

深尾夫妻は、幼馴染みの不動産業者に再建築不可物件の処理について相談します。そこで、「資産にならないどころか、処理費がかかる」という驚きの事実を初めて知ることになりました。実はこのシーンも「現実によくあることだ」と、多くの不動産業界関係者が口を揃えて証言しています。

深尾夫妻に提示された解決方法は2つでした。ひとつは自らフルリフォームを行い、大家（オーナー）になって賃貸に出す。そしてもうひとつが、専門のノウハウと職人さんを抱える、再建築不可物件を得意とする不動産業者に売却することです。

フルリフォームし家賃収入を得るという選択肢はとても魅力的です。しかし、深尾夫妻は現金を一括で用意することが難しく、ローンも組めないことを知ります。実際に再建築不可物件を保有している多くの相続人にとっても、資金を捻出してフルリフォームを行うというハードルは高いのが現状です。

一方、専門業者に売却するというのは、深尾夫妻同様、多くの家主にとってとても現実的な選択肢になります。

漫画に具体的な背景までは描かれていませんが、再建築不可物件を得意とする専門業者は、それぞれ独自の方法で物件を有効活用するノウハウを蓄積しています。そのため、本来であれば処理費がかかる物件であっても、むしろ家主に利益を還元できるよう売買交渉が可能なケースがあります。

相続した物件がうまく処理できないとなると、金銭問題で家族・親族間のトラブルに発展してしまいます。

では、具体的にどうしていけばいいでしょう。次ページより、再建築不可物件の利活用方法や法的要件について、詳しく見ていきましょう。

# 忍び寄る空き家問題

## 全国に1000万戸近く！

## トラブルもいっぱい！

住居に関する問題の中でもっとも
トラブルが多いのが「空き家問題」です。
年々増加の一途をたどる空き家の問題と
その原因について考えてみましょう

**空き家増加の推移と予想**

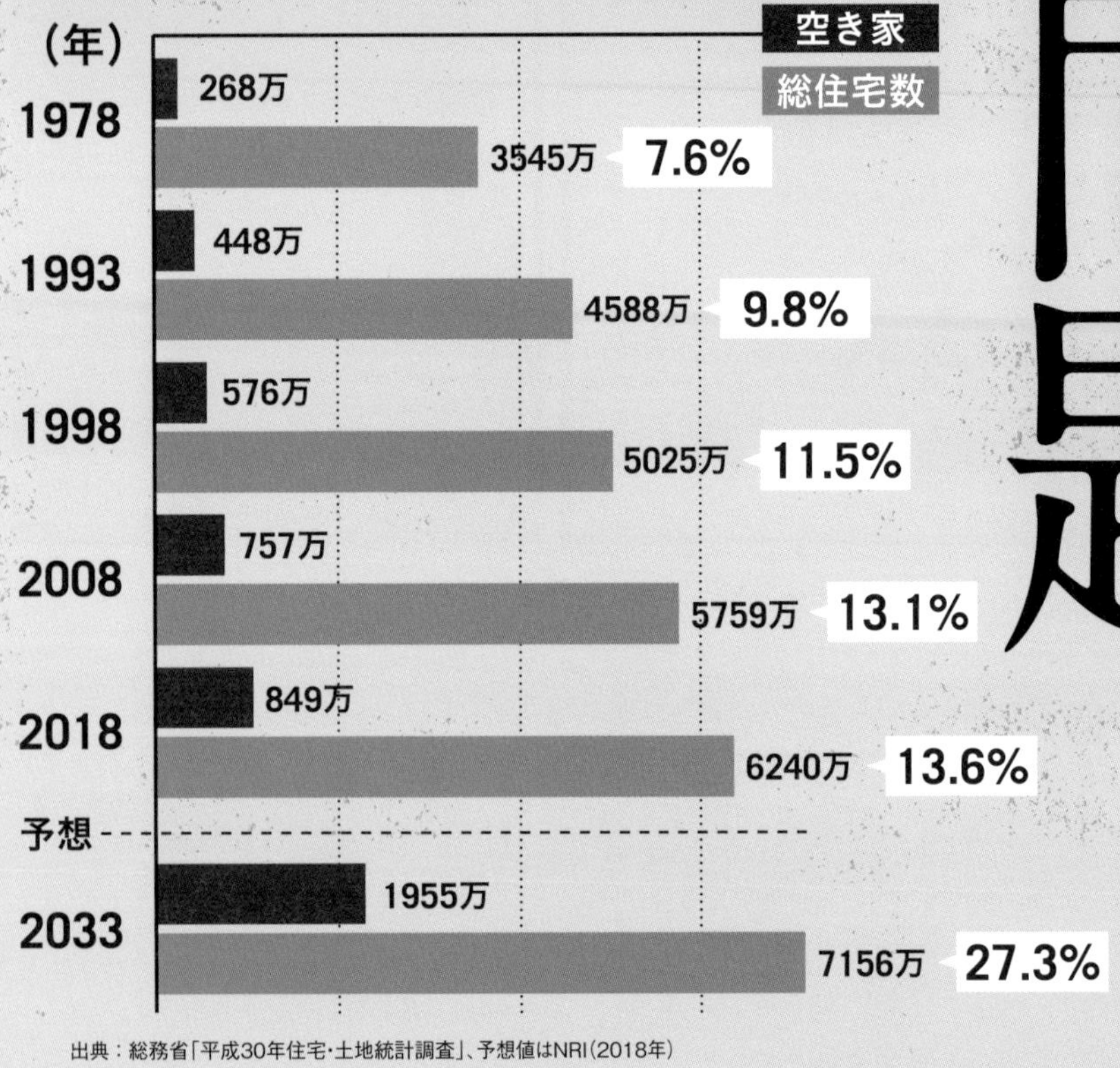


出典：総務省「平成30年住宅・土地統計調査」、予想値はNRI（2018年）

### 増え続ける空き家根本的な理由とは

住宅に関する問題として常に取り上げられるのが空き家の増加です。実際、２０１８年の総務省による調査によりますと、全国の空き家数は約８４９万戸でした。なんと、全住宅の約７戸に１戸が空き家という状況になりました。こうした状況は今も深刻化しています。さらに２０３３年には約１９５５万戸、全体の三分の一が空き家になってしまうと予測する声もあります。

では、なぜ空き家がこうも増えているのでしょうか。

一般的に言われるのが、人口の減少の影響です。日本の総人口はもっとも多かった２００８年が約１億２８００万人で、当時の総住宅数は５７５９万戸でした。

以後、人口はゆるやかに減少していき、２０１８年には約１億２６００万人にまで減りました。しかし、総住宅数は６２４２万戸と逆に増えているのです。

人口は減少しているのに、家屋が増える。その理由として考えられるのが、核家族化です。

ひと昔までは、二世帯・三世帯住宅は当たり前でしたが、昨今では減少の傾向にあります。つまり、「親と子で

# 空き家を取り巻くトラブル

## 不審者の増加

人がいないからと住所不定の人が住み着く可能性がある

## 犯罪の温床

薬物の栽培や犯罪者が身を隠すことに利用される

## 生物の住処へ

人がいないことから動物たちがすみ着き、異臭の原因に

## 景観の悪化

薄汚れた住居と草木が伸び切った庭は見る人を不快にさせる

## 不法投棄

誰も掃除しないことからゴミを不法投棄する人が増える

## 家屋の倒壊

人の住まない家は傷みやすく、倒壊する可能性が高まる

# 空き家を放置することで起こるリスク

## 1 損害賠償

実際に住んでいなかったとしても、空き家が原因で事故などが発生した場合、所有者に責任が及びます

**実例**

**①倒壊や火災で隣接家屋が全壊したり、死亡事故が起きた場合**

※夫婦、子供の計3人死亡
損害賠償額：約2億円

**②外壁などの倒壊によって歩行者の死亡事故が起きた場合**

※子供が 1 人死亡
損害賠償額：約 6000 万円

## 2 納税額の増加

近隣住民に対して大きな被害があると想定される空き家は「特定空き家」に指定される可能性があり、その場合、住宅用地特例の対象から除外になり、税額が増えます

別々の家に住む」というのが当たり前になり、親が亡くなり住居を相続したとしても、すでに子は家を持っている場合が多いのです。住まない家とはいえ、父母の思い出の残った家をすぐに解体しようと思う人は少なく、放置を選択する人も多くいます。

さらに、子が複数いるケースもあります。所有者が亡くなった家は、相続人に相続されますが、誰が継ぐかについては、当事者たちの話し合いが必要になります。

一軒の住宅を複数人で分割所有することは現実的ではありません。ところが、将来的に土地を売却しようにも、権利者すべての同意がなければできません。結果、「売却することが困難」となり、放置される物件が多いのです。

また、総住宅数が増えるのは、日本では昔から、中古住宅より新築住宅の人気が高いことがあげられます。

実際、国土交通省が公表する住宅事情によると、日本は新築住宅に住む割合が全体の88％（約１１７万件）と非常に高いことがわかります。ちなみに、アメリカでは全体の23％、イギリスでは全体の11％です。これだけ見ても、日本人がどれだけ新築を好むのかがわかります。

# 空き家の区分

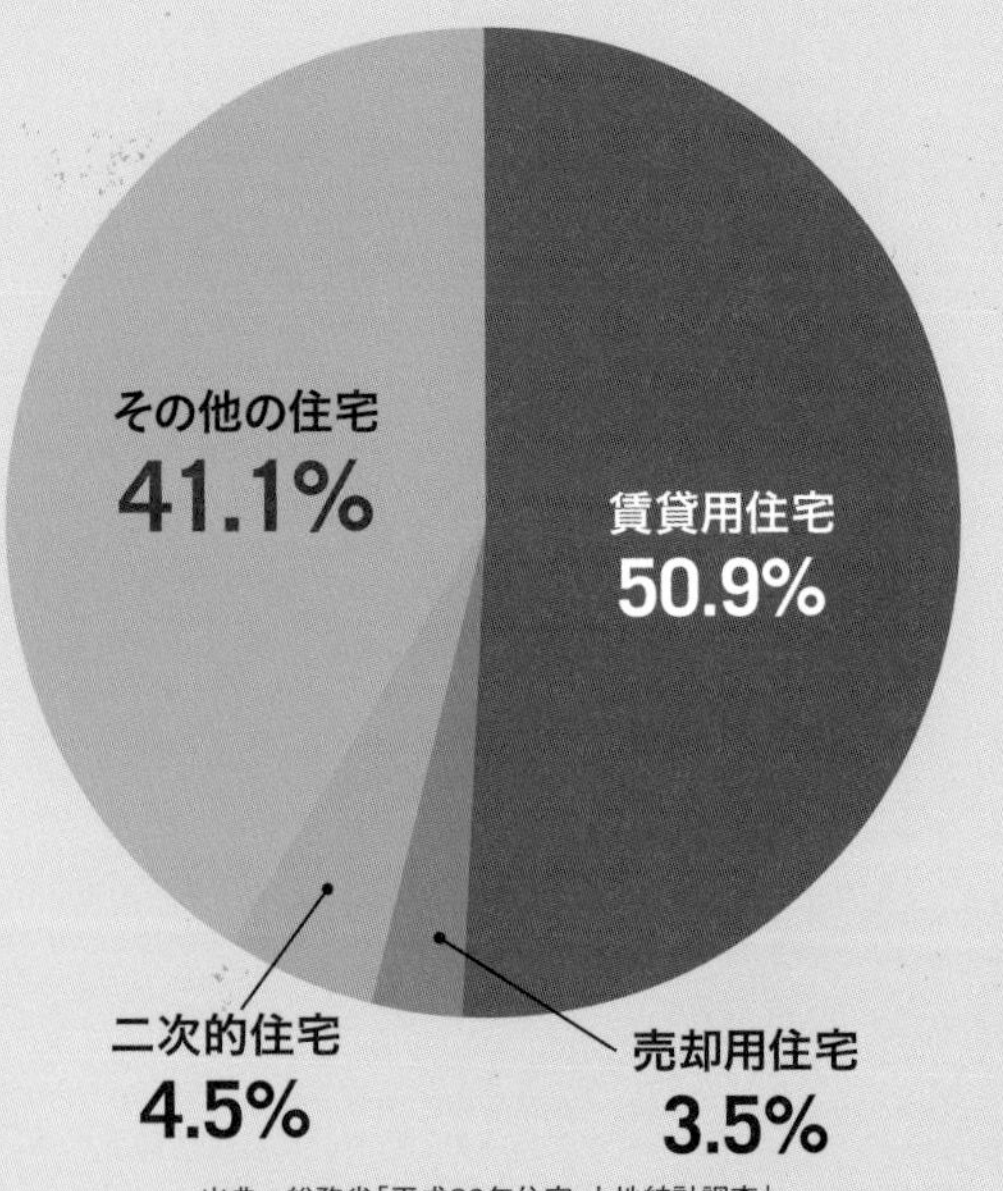

出典：総務省「平成30年住宅・土地統計調査」

### 賃貸用住宅

不動産会社が賃貸用物件として管理

### 二次的住宅

別荘など、通常住居以外の役割で個人が管理

### 売却用住宅

不動産会社が売却用物件として管理

### その他の住宅

上記3種に該当しない個人が所有する空き家

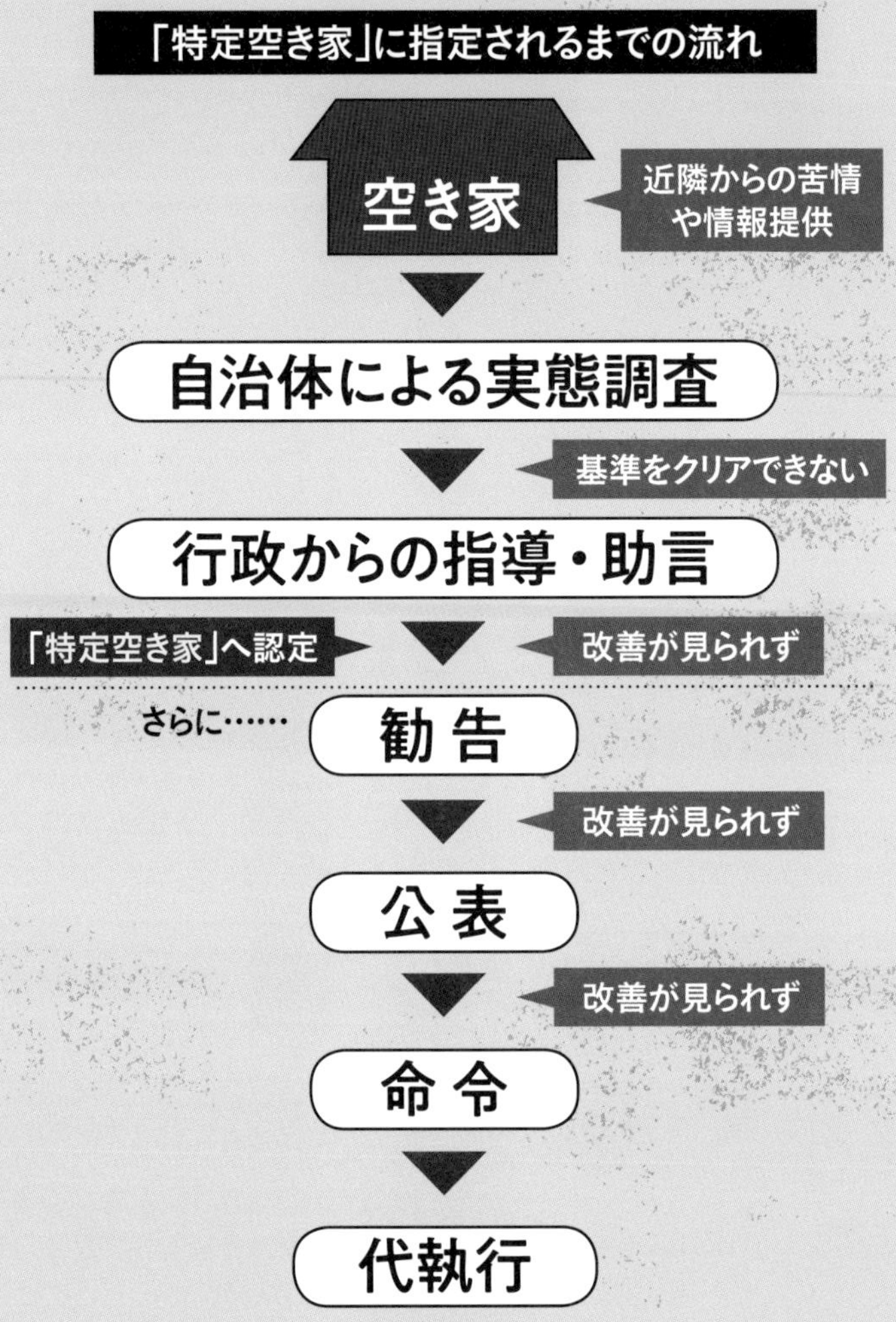


## 「特定空き家」って？

長く放置され続けた空き家の中でも、周囲に悪影響を及ぼすと判断された場合「特定空き家」に指定される可能性があります。

国土交通省が示す基本指針では、特定空き家と判断する基準として、「①倒壊や保安上の危険性がある、②衛生上有害である、③管理不履行による景観の悪化、④周辺の生活環境の保全を図るために不適切」、の4項目があげられます。

特定空き家に指定された空き家は、固定資産税などの軽減が受けられなくなります。空き家であっても200㎡までの敷地部分に対しては、固定資産税を6分の1に軽減するという規定が適用されていますが、これが一切なくなるため税負担が増加してしまいます。

## 人が不在の住居が抱える様々なリスク

国土交通省による空き家の定義は、1年以上人が住んでいない、または、利用されていない家を指します。その判断基準として、人の出入りの有無や、電気、ガス、水道の使用状況、住民票の内容、物件が適切に管理されているかなどが挙げられています。

また、空き家自体にも明確な区分が存在します。もっともポピュラーなのが、不動産会社が管理している販売中の「売却用住宅」と、入居者募集中の「賃貸用住宅」です。こちらは、定期的なチェックがされているので、トラブルとは無縁でしょう。

続いて、別荘や趣味用として所持するが、普段は使っていない「二次的住宅」があります。

これらの空き家も、不定期にとはいえ管理をしている人間がいるため問題になるのは稀です。トラブルを起こしやすいのが、上記に該当しない空き家です。

このタイプの空き家は、所有者が管理を完全に放棄している場合が多くトラブルの原因になりやすいため、一定の基準を超えたとき「特定空き家」に定されます。

空き家が増加することで生じるデメ

# 空き家にしないためにできること

**空き家のほとんどは、「相続」が原因となっています。将来、我が家が空き家にならないためにできる対策を考えましょう。**

## 土地の所有権の確認

土地や建物の所有権に関しては、不動産登記の義務付けがありません。そのため、相続でトラブルが起きやすいので、不動産登記の名義を確認し、現在の所有者になっているか確認しましょう

## 意思を確認

住宅を複数人で相続するのはトラブルの元です。誰に家を引き継いでもらいたいか絞って決めておきましょう。相続人がいない場合でも、遺言書により第三者へ遺すことも可能となっています

## プロに相談

不動産登記の確認、相続税の計算や権利確認などには専門的な知識が必要になることが多く、これを理由に手続きを諦める人が多いです。悩むくらいなら、弁護士などの専門家に相談しましょう

## 空き家バンクとは？

空き家を有効活用し、都市住民との交流及び定住促進による地域の活性化を図ることなどを目的に各自治体が運営しているのが「空き家バンク」。所有している空き家を貸したり、売りたい人が登録し、空き家の賃貸や売却に関する情報を仲介するサービスです。

実際、増え続ける空き家は社会問題ともいえますが、一時期流行った古民家カフェのように、有効利用することができたら地域の活性化につながります。地方の空き家に関しては、その存在自体が把握されていないケースが多くあります。空き家が多い地域というのは、人口が少ないということです。そのため、空き家バンクを利用して住む人が増えると地域活性化にも貢献することになるため、各地方自治体では積極的な運営をしています。実際、営利目的ではないので、不動産仲介で空き家を借りるより安いケースがほとんどです。また、登録した物件の所有者には補助金が下りる自治体もあります。

**全国47都道府県 空き家率ランキング**

| | | |
|---|---|---|
| 1位 | 山梨県 | 21.3% |
| 2位 | 和歌山県 | 20.3% |
| 3位 | 長野県 | 19.5% |
| 4位 | 徳島県 | 19.4% |
| 5位 | 高知県 | 18.9% |
| 6位 | 鹿児島県 | 18.9% |
| 7位 | 愛媛県 | 18.1% |
| 8位 | 香川県 | 18.0% |
| 9位 | 山口県 | 17.6% |
| 10位 | 栃木県 | 17.4% |

**全国47都道府県 空き家数ランキング**

| | | |
|---|---|---|
| 1位 | 東京都 | 81万戸 |
| 2位 | 大阪府 | 71万戸 |
| 3位 | 神奈川県 | 48万戸 |
| 4位 | 愛知県 | 39万戸 |
| 5位 | 千葉県 | 38万戸 |
| 6位 | 北海道 | 38万戸 |
| 7位 | 兵庫県 | 36万戸 |
| 8位 | 埼玉県 | 35万戸 |
| 9位 | 福岡県 | 33万戸 |
| 10位 | 静岡県 | 28万戸 |

出典：総務省「平成30年住宅・土地統計調査」

リットは数多くあります。

まず、空き家として放置されることで、土地や建物の有効活用ができないという面もあります。これは、経済活動や地域活性化の観点から見ても残念です。特に可住地面積が少ない日本において大きな損失ともいえます。

また、長期間にわたって空き家が放置されると、建物の老朽化による崩壊の危険性や草木の繁殖による害虫の発生、景観の悪化が顕著になります。

さらに、空き家は居住先のない人や犯罪者が隠れ住むのにも適しています。不法侵入だけでなく、犯罪や薬物栽培に利用するケースも見られ、地域の治安の悪化につながってしまいます。

空き家で生じたトラブルの責任は所有者に帰結します。「住んでいないから」というのは言い訳にもなりません。実際、空き家で火事が生じて、約2億円近い損害賠償を請求されたというケースもあります。

このように、空き家を放置するのにはリスクが伴います。マイナス面を抱えたまま放置するのはお勧めできません。まずは、身近な不動産業者に相談するのもいいかもしれません。

SPECIAL INTERVIEW

## 少子高齢化社会が不動産業界にもたらすピンチとチャンス

# ニッポンの空き家問題と再建築不可物件

不動産ジャーナリスト
榊 淳司

### ターニングポイントは２０２１年と２０２３年

日本では地方や田舎のみならず、都市部においても空き家問題がより顕在化していくことが確実視されています。なかでも、売却による現金化が難しく、解体するメリットも乏しいがため放置されがちな再建築不可物件は、空き家問題の前途をより複雑にさせる足かせとなるリスクを秘めています。

日本の空き家問題の現状とは。また将来的にどのような変遷を遂げていくことになるのでしょうか。『激震！コロナと不動産』（扶桑社）など多数の著作があり、ネットメディアで精力的に情報発信を続ける不動産ジャーナリスト・榊淳司氏に、日本の空き家問題についてお話を伺うことにしました。

榊氏はまず、２０２１年という年が、日本の不動産市場全体にとって「転換期になるかもしれない」と指摘します。新築住宅の実需がますます減っていくという、不動産業界関係者にとってネガティブな転換点です。

「２０２１年は、『団塊ジュニア』と呼ばれる第２次ベビーブーム世代（１９７１〜１９７４年生まれ）が、50歳に差しかかる年です。日本の人口分布において最後のボリュームゾーンである同世代が50代に突入するということは、住宅全体の需給関係にも大きな意味を持ちます。１９７３年生まれの出生数は約２０９万人。対して現在の18歳の人口は約１１６万人（２０２０年）とおよそ半減しています。今後、

鍵を握る「18歳人口」の推移と予測

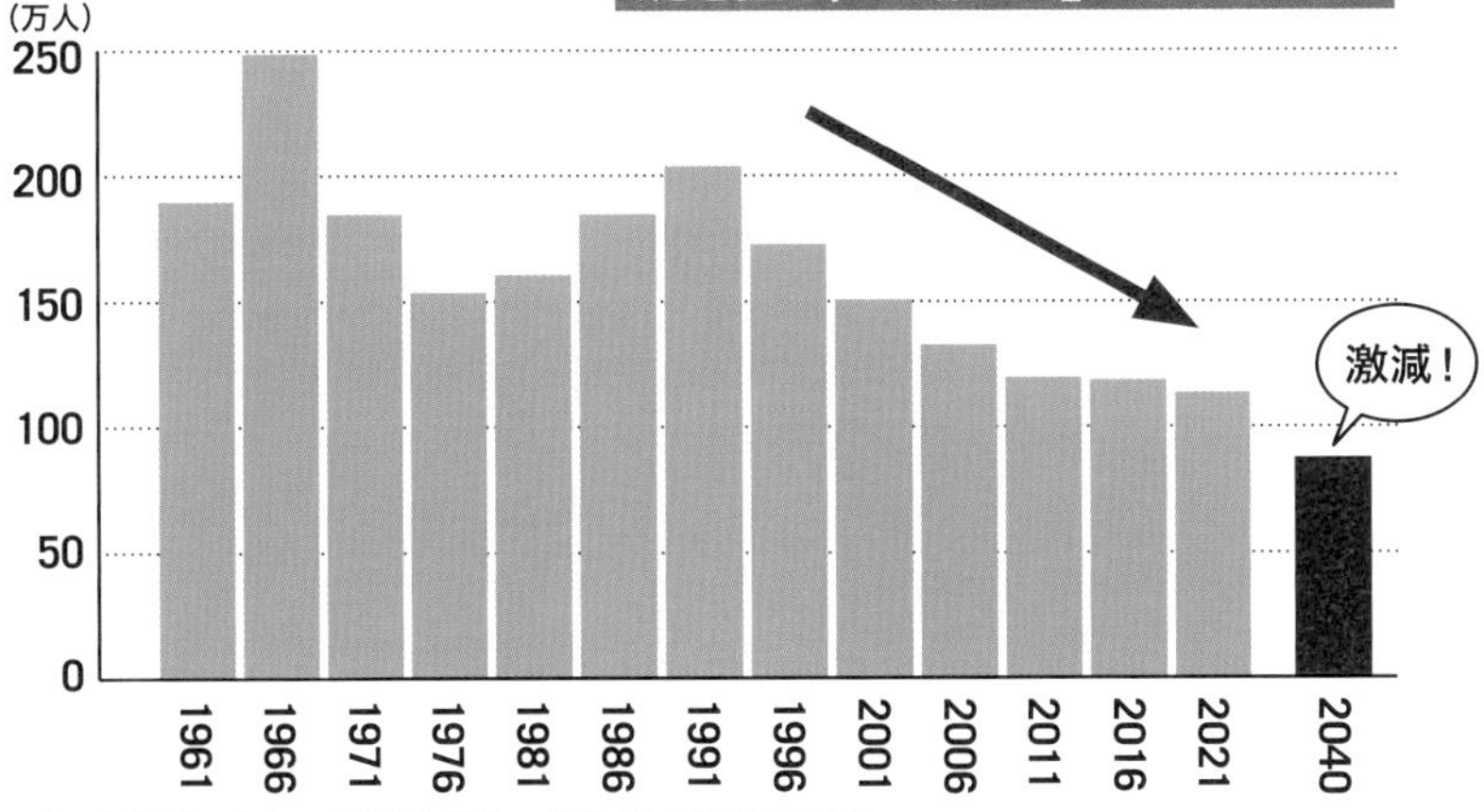


出典：文科省「18歳人口と高等教育機関への進学率等の推移(2020年)」

少子高齢化がさらに進むでしょうし、新築に対する実需はどう考えても伸びる可能性がありません。その頭打ちを象徴する年が、2021年なのです」

戦後生まれの団塊世代、そして団塊ジュニア世代までは、「夢のマイホーム」という伝統的な価値観を共有していました。しかしその価値観は雇用の変化や、多様化するライフスタイルとはマッチしなくなってきています。それも「住宅の供給戸数を減らす要因になるだろう」と榊氏は推測します。

そして、「新築需要の頭打ち」と並行して進むのが「空き家問題の深刻化」です。榊氏は続けます。

「空き家問題が問題視され始めたのは2013年頃から。総務省の『住宅・土地統計調査』で、日本の空き家率が13・5％に達したと発表されたことがきっかけでした。その後、野村総合研究所も〝空き家予測〟を行っています。それによれば、2033年までに空き家戸数が1955万戸、空き家率は27・3％に上昇するとされています。実に全国の4分の1の家が無人になる計算です。取り壊しのペースが速まる可能性があるので、シミュレーション通りに行くとは言い切れません。現時点では都心部において『空き家で困った』という切実な状況でもないでしょう。しかし、空き家問題が深刻化していくというシナリオは大筋として止まることはないと思います」

榊氏は、2021年が日本の新築需要減少の転換点になるとすれば、2023年は空き家問題が加速するターニングポイントになるかもしれないと予測します。というのも、同年には団塊世代の真ん中にあたる1948年生まれの人々が75歳になるからです。

「75歳、すなわち後期高齢者となると俄然、死亡率が高まります。人口ボリュームが大きい団塊世代がこの世を去っていくことを前提するならば、彼らが住んでいる住居の数％はすでに空き家予備軍です。なお山手線の内側にはあまり空き家問題は存在しません。理由は資産価値があるから。逆に資産価値が減じていけばいくほど空き家問題に直面しがちです」

## 政府の空き家対策が機能しない理由

空き家予備軍のなかでももっとも深刻なもののひとつが、「旧個人商店」です。まとまった土地があれば不動産業者が買い取りマンションを建てるなど運用することが可能です。しかし、旧個人商店は10～15坪しかないということが多く、単体では資産価値がほとんどない、つまり空き家として放置される可能性が非常に高いのです。

「過去に個人商店として使われていた10数坪の古い家に子供世代、つまり団塊ジュニアが帰ってきて住むということは考えにくいでしょう。そうして、誰も住まない始末の悪い空き家になっていきます。小さな坪数の空き家が飛び石のようにポツポツと増えていく。それが東京都心部で空き家問題が深刻化していく際のイメージです」

榊氏は日本の空き家問題の根幹として、法律の在り方についても言及します。コロナ禍で改めて浮き彫りになった通り、日本の憲法は個人の権利をとても重要視しています。公共の福祉のためには個人の自由を制限できるという規定はあるものの、運用には厳しい制限があります。空き家になったからといって、国が個人の所有物を簡単に収容することができないのです。

「例えば、民主主義の元祖と呼ばれているフランスでも、公共の福祉のためという前提があれば公権力がかなりの程度、民間の住環境に介入できるよう

空き家の数は2033年には2000万戸にせまるという予測だ

コロナ禍で働き方が激変した日本。不動産市場にも大きな影響を与えている

になっています。建物が古くなって危険と判断すれば、行政が取り壊せるという規定もある。こと空き家問題に関して話題を絞るのであれば、日本の法律は個人の権利を守るがために、問題に介入しにくい構造になってしまっていると言えるでしょう」

日本においても法律的な動きがないわけではありません。空き家対策特別措置法などに加え、相続に関する法律も変わろうとしています。これまで、個人が親や親族から他の金融資産を相続する場合、不動産だけを放棄することはできませんでした。しかし、数年後には新たな法律が施行される予定で、場合によっては不動産の相続だけ放棄できる仕組みも検討されています。しかし、そのような法律が整備されたからといって、根本から解決するかは「未知数だ」と榊氏は言います。

というのも、相続が放棄されるとなると次は行政の問題になります。つまり、解体や整備する負担を自治体が担うことになるわけですが、本腰を入れるかどうかは甚だ疑わしいのです。実際に、すでに施行されている空家対策特別措置法では、ボロボロの空き家を行政代執行で取り壊し、費用を立て替えて、あとで所有者に請求することができるようになっています。しかし、すべての所有者たちがスムーズに払うというわけではありません。そのため、どこの自治体においても「空き家問題には触れたくない」というのが、偽らざる本音になっているのです。

「木造の建物は人が住まないと劣化が早く進みます。私は2023年を境に、特に木造住宅が集まっている〝木密状態〟の地域から空き家問題が顕著になるのではないかと考えています。行政が本腰を入れないとなると、最終的に民間の力に頼るしかありません。あらゆる手を使って、すでにある空き家を再生、もしくは需要を喚起して人が住めるようにするというが、現実的な解決策になるでしょう」

## コロナ禍で注目を集める戸建て住宅

空き家が多いエリアで話をまとめることができる不動産事業者の存在は、問題を解決する上でとても重要になると榊氏は言います。例えば「地上げ」です。これまではネガティブな言葉でしたが、今の時代においては「地上げは社会貢献」だと断言します。

「空き家になってしまいそうな家を訪ねて、住んでいる高齢者の話し相手になって何年も通い続ける大手デベロッパーの営業マンが存在します。エリア一帯の話をまとめることができれば、デベロッパーにとってはおいしいですからね。もちろん、地上げする土地に資産性があることが前提にはなりますが、優秀かつコミュニケーション能力が高く、親身になれる不動産の営業マンがいれば、空き家問題も解決策を見いだせるはずです」

インバウンド向けの民泊利用も、空き家問題を解決するひとつの可能性です。郊外や下町のボロ屋であっても、日本文化を感じたい一部の外国人には需要があるからです。ただし、日本の法律は民泊を促す方向にはなかなか進まず、社会的な議論や合意がまだまだ必要な段階にあります。

では再建築不可物件についてはどうでしょうか。榊氏はやり方によっては空き家問題を解決する有効な手段になるのではないかとアドバイスします。背景のひとつに、戸建てに対する需要の増加があります。

「首都圏における日本の新築マンションの年間供給量は2020年で約2・7万戸ほど。対して同時期の建売りの新築戸建ての供給はその1割ほどでとても小さな市場です。しかし去年から続くコロナ禍で、戸建てを買いたいという人が5倍くらいに増えているといいます。ある大手事業者に話を聞くと、建てた先から売れているそうです。テレワーク事情など複数の要因があるのでしょう。いずれにせよ、新築だけでなく中古も売れゆきが伸びていると聞いています」

コロナ禍以前、東京に住む人々のなかではマンションのほうが良いという価値観が広がっていたと榊氏。しかし、戸建ては駐車場がタダで、管理費や積立修繕費もいりません。リモートワークをするだけのスペースも確保できます。そうして戸建ての価値が見直されつつあるといいます。

なお、東京都心には賃貸用の戸建て住宅も不足しています。不動産を運用する個人投資家にとって、再建築不可物件に目を向けることはひとつのチャンスになりえます。

「都内でも土地が高くない東側エリアの場合、仮に購入やフルリフォームで１７００万円くらいかかったとしても、駅近であれば12万～13万円ほどで貸せるので、年間８～９％の利回りになる。近年の不動産投資で考えると、とても割が良い投資先です。現在、マンション投資の場合、山手線の内側の利回りは３％くらいでも好条件の部類に入り、投資している人が多くいます。一般的な物件に加え、再建築不可物件をポートフォリオに加えることは、不動産投資の中級者以上にとって有効な選択肢になりえるでしょう」

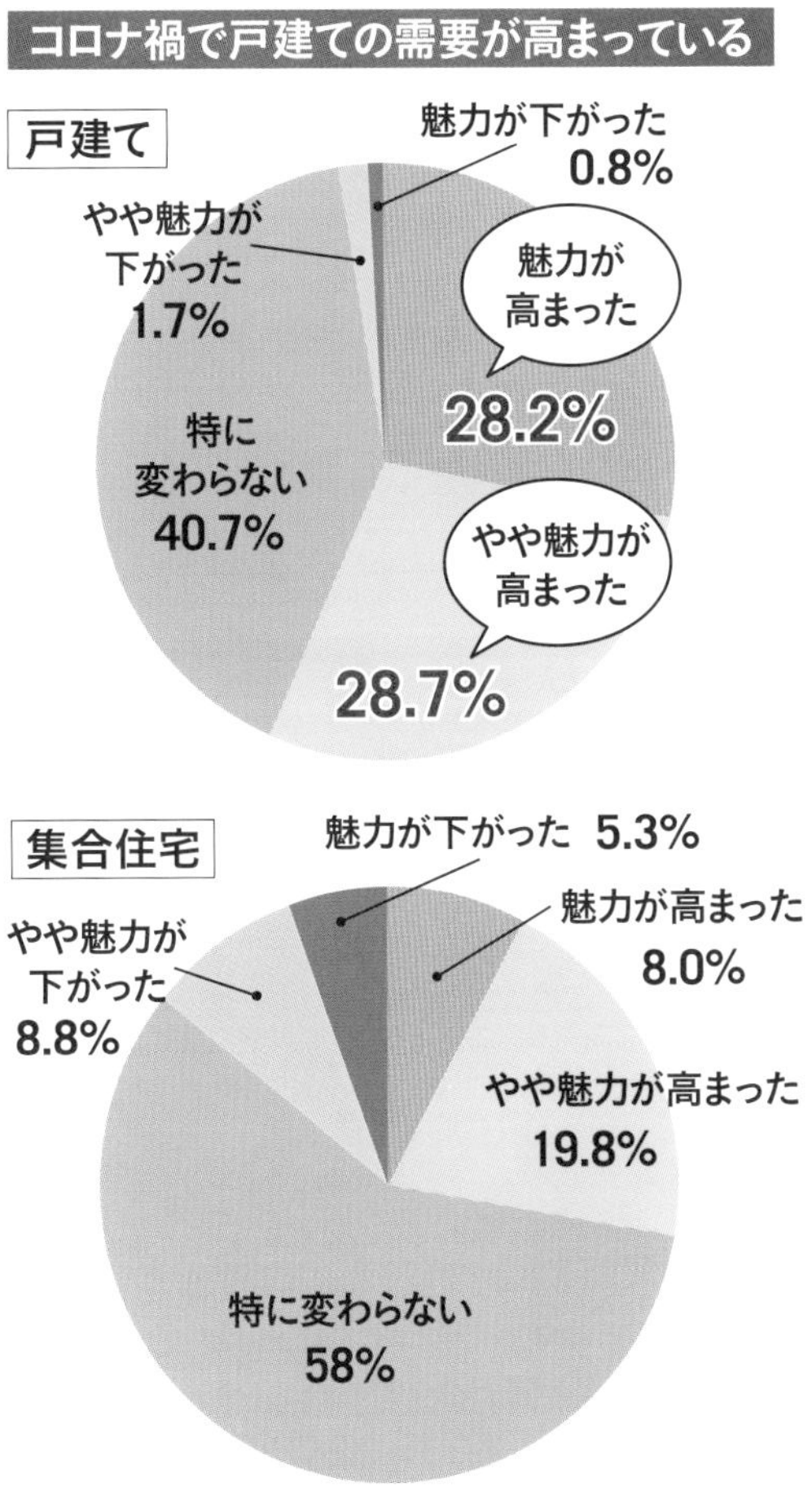

出典：オープンハウス「コロナ禍を受けた住宅意識調査（600人対象）」（2020年6月）

融資が下りにくいという短所を除けば、高利回り的の魅力は説明するまでもないでしょう。しかも、戸建ての再建築不可物件には、マンションなどにはない安定性があります。戸建てを借りたい家族持ちの賃借人は、単身者と異なり、住居を中心に生活圏を築き長期間にわたり住むことが多いからです。また、償却資産になるため、10～15年後は格安の土地代に対して利回りを計算すると50％以上になることもあるのです。

「マンションなど区分所有には、さまざまなコストの他にも、管理組合のトラブルなどのリスクもつきもの。戸建てであれそういった悩みとは無縁です。不動産投資の中級者になると、３０００万～５０００万円のキャッシュを動かすことが難しくない方も多いはず。そういう方々にとって、再建築不可物件は有望な投資先のひとつとなるかもしれません。加えて、戸建て需要の増加や、社会的意義も鑑みれば、投資家だけでなく自治体も、近隣住人もみなハッピーになります。日本の空き家問題を解決する有望な手段になることを期待しています」

日本の不動産市場で今後、再建築不可物件の存在がますますクローズアップされるでしょう。

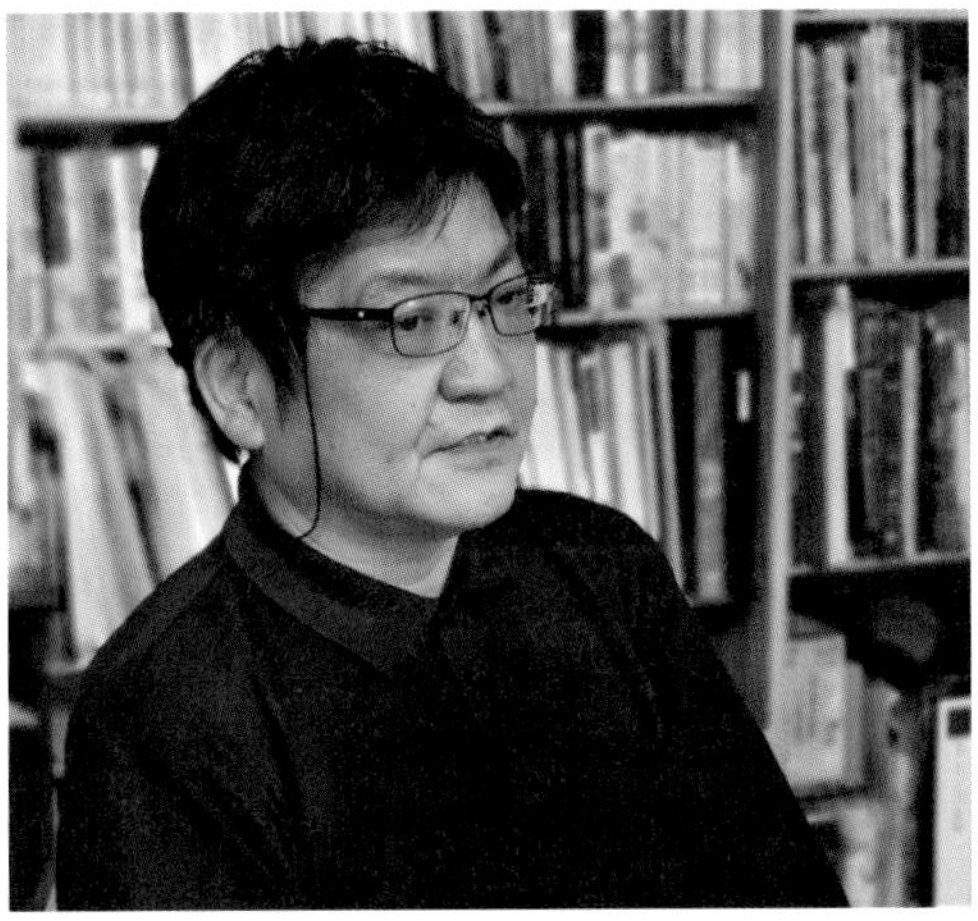

PROFILE
**榊 淳司氏**

さかき・あつし●不動産ジャーナリスト。榊マンション市場研究所主宰。1962年、京都市生まれ。同志社大学法学部、慶應義塾大学文学部卒業。主に首都圏のマンション市場に関する様々な分析や情報を発信。東京23区内、川崎市、大阪市等の新築マンション建築現場を年間500か所以上現地調査し、各物件別の資産価値評価を有料レポートとしてエンドユーザー向けに提供。経済誌や週刊誌、新聞等にマンション市場に関するコメント掲載多数。主な著書に『激震!コロナと不動産』（扶桑社新書）、『2025年東京不動産大暴落』（イースト新書）、『マンション格差』（講談社現代新書）、『マンションは日本人を幸せにするか』『限界のタワーマンション』（ともに集英社新書）など多数。
公式ウェブサイト：https://sakakiatsushi.com/

解説①
再建築不可物件とは?

# 接道義務や住宅ローン問題を徹底解説
# 知っておきたい「再建築不可物件」の基本

\ Check Point 1 /

## 再建築不可物件の定義と接道義務

●東京だけでこれだけの再建築不可物件がある!?

| | | |
|---|---|---|
| 東京23区の住宅数 | 490万1200戸 | |
| 幅員2m未満の道路に接している住宅数 | 18万2700戸 | 約3.7% |
| 敷地が道路に接していない住宅数 | 5万9900戸 | 約1.2% |
| 再建築不可の可能性が高い住宅数 | 24万2600戸 | 約4.9% |

※出典：総務省「平成 30 年住宅・土地統計調査」及び『スーモ』記事「再建築不可物件とは? 後悔しないために知っておきたい再建築不可物件のメリット・デメリット」

### 一度解体してしまうと立て直しができない理由

地方だけでなく都心部でも空き家問題が顕在化するにつれ、ある物件カテゴリーへの注目が日毎に高まっています。それが「再建築不可物件」です。

再建築不可物件とは、一度解体してしまうと、新たに立て直すことができない物件のことを指します。不動産業界では、該当する物件に加え、それらが建っている敷地や土地全体を指す用語として使われることもあります。

より詳しくみていきましょう。日本の建築基準法第43条には、建築物の敷地は道路に2m以上接しなければならないと定めた条項があります。また、同法は原則として公道など幅員4m以上の道を「道路」として定義しています。現在、都心部を中心に道路に2m以上接していない、つまり「接道義務」(※①)を満たしていない住宅が数多く存在していますが、それらが再建築不可物件に当てはまることになります。

建築物に接道義務が課される大きな理由のひとつは、地域の安全性を守るためだとされています。例えば、火災や地震など災害があった際、消防車や救急車がスムーズに通行できないと被害が拡大してしまいます。そのようなケースを防ぐため、法律で建築条件が定められているのです。なお、接道義務は「都市計画区域及び準都市計画区域内」(※②)に適用される一方で、都市計画が決定していない区域には課されないのが原則とされています。

ところで、「そもそも法律的に建てられないのに、なぜ再建築不可物件が存在するのか」という疑問を抱かれる読者の方々もいらっしゃるかもしれません。端的に答えるのであれば、その理由は「法律が後から制定された」からです。

建築基準法が制定されたのは1950年、そして関連法である都市計画法が整備されたのは1968年のことでした。つまり、もともと再建築不可物件ではなかったものの、法律によって施行以前に建てられた物件のうち一部が、再建築不可物件になってしまったのです。

「両親から相続した、築年数の古い家を調べてみると実は再建築不可物件だったというケースが増えてきていま

## 接道義務とは

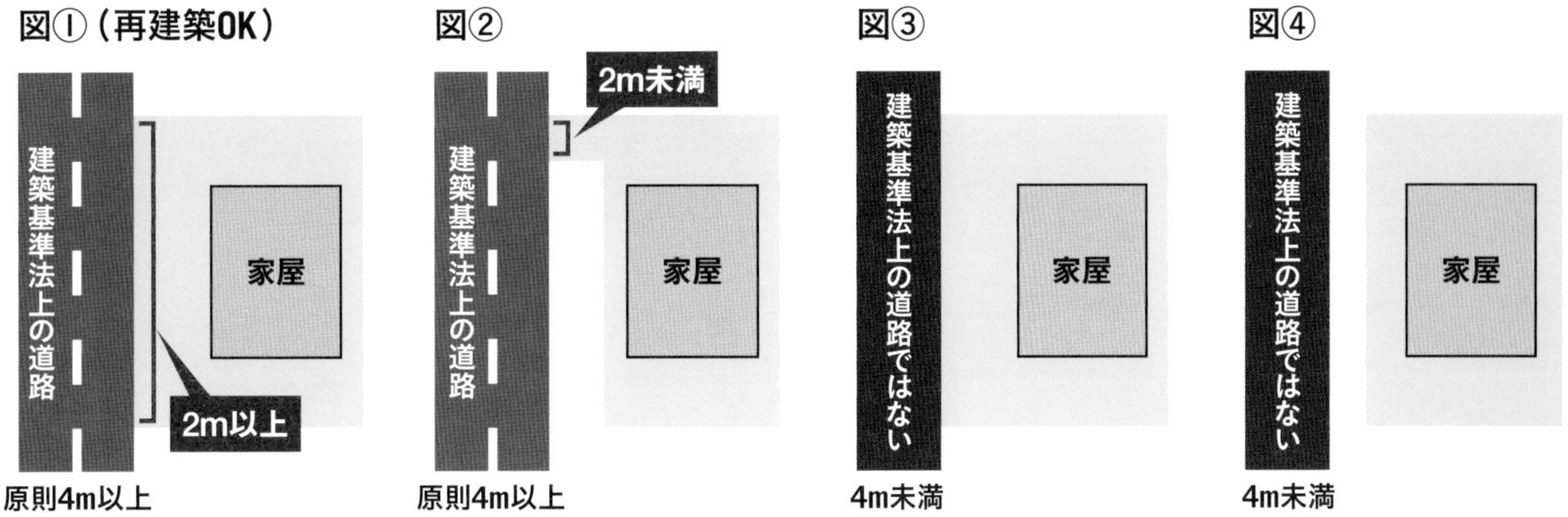


②は2m以上接していないためNG。③は2m以上接しているが接している道路が4m未満なのでNG。④はそもそも道路に接していないためNG

す。定義が難しいですし、専門家でもない限り調べるきっかけもありません。きっと、相続・保有している住宅が、再建築不可物件に該当するということをまだ知らないという方も少なからずいらっしゃるはずです」（都内の不動産関係者）

### 都内で再建築ができない物件は推定24万戸

東京23区には現在、接道義務を満たしていない住宅がおよそ24万戸も存在していると言われています。内訳としては、「2m未満の道路と接道している物件」が約18万戸、そして「道路に接していない物件」が約6万戸です。合計24万戸という数字は、区内全住宅の約5％に相当する量です。すべてではありませんが、このうち多くが再建築不可物件に該当すると指摘されています。

例外としては、「42条2項道路（通称：みなし道路　※③）」のように、幅員4m未満でも建築基準法上の道路とみなされるケースがあります。みなし道路に接している物件の場合、セットバック（建物を道路や隣地などの境界線から引き離すこと）を行い、規定の幅員を確保することで再建築が可能となるケースがあります。また、接道義務が緩和された「43条但し書き道路」という建築基準法上の道路区分もあります。これは建築物の敷地の周囲にある広い空き地を道路と見なし、安全上支障がないと認められれば、2m以上という接道義務を果たしていなくとも再建築可能となるケースがあります。

「再建築不可物件の購入、もしくはなるべく高額で売却する方法や資産としての有効な活用方法は、まだ広く知られていないのが現状です。最近では、専門性に長けた不動産業者も少しずつ増え始めています。再建築不可物件について悩んだら、専門知識を持った業者に相談してみるのが最善の選択肢になるでしょう」（同）

次項から再建築不可物件について、より詳しくみていきましょう。

※①　建築基準法第43条の規定により、建築物の敷地が道路に原則的に2m以上接しなければならないとする義務。

※②　都市計画法により、計画的な街づくりを推進するため都道府県知事や国土交通大臣が指定したエリア。

※③　特定行政庁（建築申請を受ける地方公共団体等のこと）が道路として指定した道路。

Check Point 2

# 再建築不可物件は住宅ローンが通りづらいって本当？

## ノンバンク系もあるがローン金利は高くなる

ある再建築不可物件を気に入ったとして、購入や資産として運用することを検討する際にまず年頭に置かなければならないのが「住宅ローン問題」です。一般的な住宅と比べて、融資を受けることがとても難しいのが特徴となっています。

銀行など金融機関は、倒壊による返済リスクが高く、担保価値が低い再建築不可物件を敬遠します。相対的にローンが通りやすいとされているカードローン会社などノンバンク系金融機関も事情は遠からずです。融資を必ず受けられるという保証はありません。仮に融資が通ったとしても金利が高く設定されるため、総合的に支払う金額が割高になるケースがあります。

一部のノンバンク系の金融機関では、再建築不可物件にフォーカスした住宅ローンも取り扱っています。ただし「借入れ下限金額が定められていたり、都市中心部の物件に絞られる、もしくは共同担保を求められる」（前出の不動産関係者）など、シビアな借入れ条件があるのが現状のようです。

状態が良い物件、逆に老朽化が進みすぎて救いようのない物件など、再建築不可物件の実情も千差万別。ただ単に安いからという理由で選ぶのではなく、長期的な計画を踏まえて物件を選ぶことがとても重要になりそうです。

## 再建築不可物件と住宅ローンにまつわるリスク

### ①倒壊&返済リスク

再建築不可物件は天災や人災によって家屋自体が倒壊・損失した場合、建て直すことができません。物件購入者は必然的に他の物件を探さねばならず、ローン返済にもリスクが生じます。それらリスク要因から融資が通りにくいという特徴があります。

### ②担保価値が低い

物件購入者のローン返済が滞ると、金融機関は担保とした土地を売却し返済額の穴埋めを図ります。しかし、都市中心部を除き、再建築不可物件は土地の価値がそれほど高くありません。もしものときの備えが難しいため、金融機関は融資を敬遠するのです。

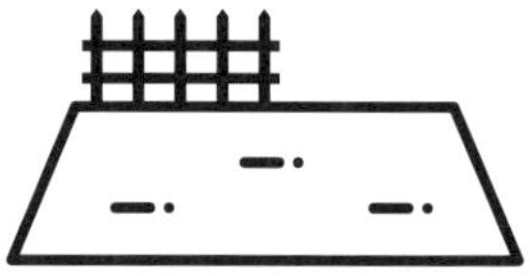

### ③金利が高い

ノンバンク系の金融機関の中には再建築不可物件への融資を行っているところもあります。某社の場合、金利は3.9%と住宅ローンとしては割高です。また物件所在地が都市部にあり、600万円以上の物件に限られるなど、さまざまな借入れ条件が設定されているケースが少なくありません。

### ④物件の見極め・長期計画が必須

再建築不可物件といえども、物件の状態は掘り出し物から救いようのないものまでさまざまです。また該当する土地の環境や条件も素人はもちろん、不動産業者でも正確にその価値を推し量ることは困難です。長期的な視点に立ち計画を吟味することが必須となります。

Check Point 3

# 再建築不可物件が抱える社会的問題と所有者の悩み

## エリアの住環境の悪化を招く恐れも

ローンが組みにくいという以外にも、再建築不可物件には課題が散在しています。この課題は、大きく「社会的な問題」と「物件保有者が抱える悩み」の2つに大別することができるでしょう。

まず社会的な問題からみていきましょう。この先数年で、東京など都心部の空き家問題も徐々に顕在化していくと多くの専門家が指摘しています。行政の効果的な施策や民間における利活用が進まなければ、少子高齢化・人口減少に歯止めがかからない日本において、空き家はますます増えていくことになることは確実です。

長期間にわたり空き家が放置されるとボロボロになり、猫や犬、ハクビシンなど野良動物が住みついたり、台風で瓦が飛んでいき周辺に被害をもたらすというような問題が引き起こされます。他にも、樹木が処理されないまま放置されたり、落ち葉で塞がれた雨樋（あまどい）から水が溢れ出るトラブルにもつながります。最悪のケースではゴミの不法投棄場所になり果ててしまい、近隣、ひいてはエリア一帯の生活環境の著しい悪化を招いてしまいます。

なかでも特に再建築不可物件は他の物件にも増して、空き家問題をより深刻化させる〝アキレス腱〟となっています。そして、その背景は物件保有者の悩みに直結しています。再建築不可物件の取り扱いに詳しい不動産業者は次のように話しています。

「状態がそこそこ良い10～15坪の再建築不可物件であれば、１００万円～５００万円で取引されるのが基本。都心の渋谷や新宿、神楽坂あたりですと１０００万円以上の値が付く場合もあります。ただ一方で、まったく買値が付かない物件もざらにあります。土地と一緒に売ろうとすると、取り壊し料や残置物処理費用で、所有者が逆に２００万円ほど払わなければならないというケースも少なくありません」

仮に土地だけを売らずに保有する場合は、建物が建っていたときより6倍も多い固定資産税（２００㎡以下の場合）を納めることが法律で義務付けられています。駐車場などで活用しようにも、もともと接道していない土地なので、うまく収益化することも困難です。

## 法改正で物件所有者の負担が大きくなる

二束三文ならまだしも、逆にお金を払わなければならない――そうなると、黙って放っておこうとする所有者も出て、さらにボロボロの再建築不可物件が増えることになります。再建築不可物件と空き家問題、そして所有者たちの悩みは、絡まった糸のように構造化され循環・拡大しているのです。

政府や自治体側は、この状況に対してただ手をこまねいているわけではありません。２０１４年には「空家等対策特別措置法」を成立させ、所有者の同意がなくとも空き家の取り壊しを行い、その費用を所有者に請求する「行政代執行」を可能にしました。更地になった土地の所有者には、前述したように6倍の固定資産税が課されます。また、２０２１年には、相続登記を義務化する法律も成立させています。２０２４年をめどに施行される予定で、相続不動産の取得を知ってから3年以内の所有権移転登記を行わなかった場合、10万円以下の過料を課すことを決めています。

「行政代執行をしたとて、保有者が費用を支払わず自治体がまるまる負担を被ることになる事例は多い。そのため、自治体にはなるべく空き家問題に関わりたくないという本音もあるそうです。ただ再建築不可物件を含む空き家問題は抜き差しならない状況。環境的にも法律的にも、再建築不可物件の所有者たちが、以前のように〝知らぬ存ぜぬ〟を決め込むことができなくなりつつあるのは確かです」（前出の不動産業者）

再建築不可物件の有効活用の道を見いだすことは、所有者個々人の悩みを解決するばかりか、空き家問題という社会課題に革新をもたらす重要なテーマとなりつつあるのです。

解説②
再建築不可物件リフォームとは?

# 工事の工程・費用・DIYから法律まで解説
# よくわかる再建築不可物件リフォーム

## Check Point 1
## 再建築不可フルリフォーム費用

再建築不可物件の解体工事・基礎工事の様子

### リフォーム費用は新築よりも高い!?

新たに建て直すことができない再建築不可物件ですが、大規模なリフォームを行うことで、「住む」もしくは「貸す」という選択肢が広がります。

再建築不可物件の改築と法律との兼ね合いは後述しますが、ここではまずリフォームの流れについてみてみましょう。前提として、再建築不可物件の状態は、ボロボロの空き家から、暮らすのに不自由のない比較的良い状況まで実に様々です。

まず、状態がかなり悪化したボロボロの空き家をフルリフォームするケースを例に取り紹介します。

一般的な改築と同様に、再建築不可物件の場合もリフォーム会社と契約を結びます。より成果的なリフォームを実現するポイントは、再建築不可物件の知見を持っていて、かつ誠実な会社をみつけることです。というのも、物件の傷みがひどくても、再建築不可物件の場合は主要構造部（柱や梁、屋根など）をすべて取り壊すことができません。すでにある骨組み部分を丁寧に修繕したり、既存の構造物をうまく活用する必要があるのです。表向きだけでなく、中身までしっかりとケアしてくれるリフォーム会社を探しましょう。

リフォーム会社への決済後、最初に着手されるのは仮設工事です。建築工事期間中に一時的に使う施設や設備を設置する作業で、具体的には屋内・屋外の足場、飛散防止シート、仮設水道・電気などを設置していきます。ここには、建物に傷がつかないようにする養生作業なども含まれます。

次に解体工事、基礎工事、土工事が行われます。解体工事は家屋を解体した後に廃材を搬出する工事ですが、再建築不可物件は搬出車両が通る道がないためほぼすべて手作業になるケースが多いとされています。結果、費用も割高となるのが実情です。基礎工事・土工事には、整地や基礎アンカー打ちなどが含まれます。再建築不可物件の場合、上述した通り、元々あった主要構造部を撤去することが法律的にできません。これらをうまく残すために、コンクリートなどの材料を多めに使うことがあるのも特徴となっています。

その後は、木工事に移行します。壁や床など各所をさらに補強するための作業も、このときに行われます。再建築不可物件は築年数が古いため、物件

## 15坪程度の再建築不可物件をフルリフォームした場合の費用例

### 仮設工事
外部足場、飛散防止防炎シート、飛散防止メッシュシート、室内足場、養生費、残材処理費、仮設水道、仮設電気設置費

**費用**
**坪3.3万〜3.5万円**

### 解体工事
すべて手壊し、搬出処分

再建築不可は車が入らないので費用が余分にかかります

**費用**
**坪7.0万〜7.5万円**

### 基礎工事・土工事
整地、埋め戻し、基礎アンカー打ち、鉄筋、防湿フィルム敷き込み、ベース生コン、コンクリート打設

**費用**
**坪2.3万〜2.5万円**

元の柱など残した状態での工事になるので、コンクリートが余分に必要になったり工期が長くなります

### 木工事
外部サイディング下地、屋根下地、内部壁天井下地及びPB張り、補強壁コンパネ張り、床下地及びコンパネ張り、階段組み、各所補強金物取付、サッシ及び建具取付

**費用**
**平米10万〜12万円**

### 内装仕上げ工事
室内塗装工事、クロス工事、床フローリング、タイル、パネル、シート工事など

**費用**
**平米1.5万円**

### サッシ材
トイレドア、リビングガラスドア、居室及び洗面ドア、プレカット階段＋工事

**費用**
**約150万円(15坪想定)**

### 屋根、雨樋工事

**費用**
**平米1.5万〜1.8万円**

### 外壁工事
サイディング、短尺出隅、リーフィング、金具材、破風板、コーキング

**費用**
**平米11.5〜12.0万円**

隣地との距離や足場が組めるかどうか、また材料価格によって金額が大きく変わります

### 電気設備工事
電灯、コンセント換気、幹線、メーター、分電盤、テレビ配線、アンテナ、電話配線

**費用**
**85万〜90万円**

### 給排水設備工事
給排水配管工事、シャワートイレ一体型便器、給湯器本体追い炊き付き、洗面化粧台、ユニットバス、システムキッチン、ガス配管

**費用**
**約150万円**

### その他
柱建て式バルコニー、その他諸経費

**費用**
**約60万円**

### 合計
**1000〜2000万円**

の補強についてはリフォーム会社と念入りに相談しましょう。

家屋の骨格ができあがったら、内装仕上げ工事、屋根及び雨樋工事、外壁工事、電気・給排水設備工事という流れを経ていきます。着工から完成までの期間はおよそ2〜3か月が目安とされています。

主要構造部までは手を入れず、そこそこの状態にして住む、もしくは貸す前提でリフォームをする場合はどうでしょうか。こちらも物件の広さ、使用する材料などによってケースバイケースですが、バス・トイレ・キッチンの水回りの交換、壁紙の張り替え、外壁・屋根塗装、床の張り替えなどを行った際、３００万〜５００万円ほどの費用感が一般的でしょう。

なお、再建築不可物件をリフォームする際に欠かせないのは、近隣住人とのコミュニケーションです。例えば、物件に通じる通路や脇道は工事をしキレイに舗装することが可能ですが、その一部が近隣住人の所有地であるというケースがあります。その際「近隣一帯をよりキレイしたい」というように持ち掛ければ、工事を許可してくれるケースもあります。近隣住民との誠実なコミュニケーションが、再建築不可物件の価値を一層高めてくれるのです。

Check Point 2

# 再建築不可物件 リフォームと法的問題

## 建築確認審査が不要となるのが利点

再建築不可物件とリフォームについて、法律的な観点からも詳細を確認していきましょう。建築基準法上、住宅の工事は3つの段階に分類されます。「修繕」「大規模の修繕・模様替え」「建築」です。

修繕は主に内装を新しくしたり、建物の主要構造部（柱、梁、屋根、壁など）の半数以下を取り替える工事が定義にあてはまります。例えば、家に柱が9本あったとして、4本だけ取り替えるのであれば修繕の範疇になります。

大規模の修繕・模様替えは、主要構造部の半分以上を取り替えたりすること、また模様替えなどを指します。一般的に使われている「フルリフォーム」という言葉は、この大規模の修繕・模様替えに相当します。

最後の建築は建造物をすべて解体・撤去して新築したり、改築や増築することです。

再建築不可物件は法律的に「新築」はできません。一方で、「修繕」や「大規模の修繕・模様替え」に関しては条件付きで適法となっています。

現在、再建築不可物件のなかでほとんどを占める一戸建て住宅は、「4号建築物」に該当します。これは、建築基準法第6条第1項第4号に定められた条件の建築物を指します。具体的には、「2階建て以下、延べ面積500㎡以下の木造住宅」「平屋、延べ面積200㎡以下の鉄骨造の住宅」がこれにあてはまります。

補足までに、「1号建築物」は学校や劇場、病院、店舗など特殊建築物で用途部分の床面積が100㎡を超えるもの、「2号建築物」は木造3階建以上、または延べ面積が500㎡を超える、高さが13mもしくは軒の高さが9mを超えるもの、「3号建築物」は木造以外の2階建以上、または延べ面積が200㎡を超えるものと規定されています。

建築基準法上、4号建築物に属する建物は、特例として「大規模な修繕・模様替え」の際の建築確認審査を省略することができ、合法的にリフォームやフルリフォームを行うことができます。もちろん、法律上の安全基準は満たす必要があるという前提は言うまでもありません。

4号建築物以外の再建築不可物件でも、大規模の修繕・模様替えができないわけでは決してありません。ただし、工事の際に隣地から土地を借りる必要があるなど、4号建築物より敷居が高いのが現状です。

保有している再建築不可物件を大幅にリフォームすることを検討する際には、不動産会社や専門業者にまず相談し、合法的な工事が可能かどうかチェックすることがトラブルを防止する上でとても重要になってくるでしょう。

主要構造部である古い柱の一部を残し、補強していく

### 1号建築物

・学校や病院など一定の規模以上の特殊建築物

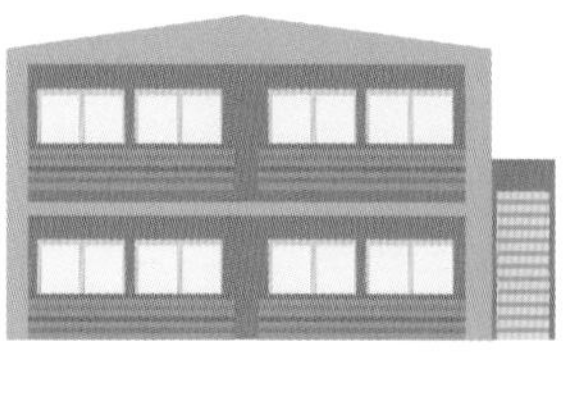

### 2号建築物

・木造3階以上
・延べ面積500㎡超
・軒高9m超または高さ13m超

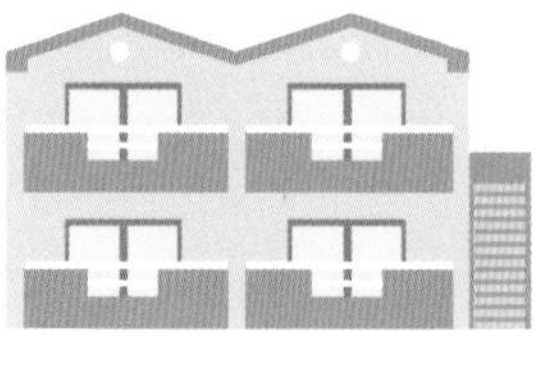

### 3号建築物

・木造以外の2階以上
・延べ面積200㎡超

### 4号建築物

・1～3号以外の建築物
・延べ面積200㎡以下の木造2階建て住宅

再建築不可物件のリフォームの多くはこれに該当

## Check Point 2
# リフォーム後は「住む」or「貸す」

### マンションや建売りにはないメリット

再建築不可物件のリォームが完了すると、次は「住む」か「貸す」かいずれかのパターンになります。

まず所有者やその家族が住む場合は、生活スタイルによって、他の戸建て住宅と同様のメリットを享受することができるでしょう。子供がまだ小さい場合は、アパートやマンションよりも騒ぎ声や走り回る騒音で周囲に迷惑をかけることが少なく、苦情や近所トラブルの心配をそれほどせずに済みます。精神的にゆとりを持って生活できるでしょう。

一方で、近年日本ではペットを飼う世帯が増えているという統計がありますが、戸建て住宅ならば再建築不可物件でも自由に飼うことができます。実際に、子供がいない夫婦やカップルのなかで愛犬や愛猫とゆったりと暮らしたいという方々が、再建築不可物件をチョイスする事例が増えています。

また大型バイクを使ったツーリングなどを趣味にしている人々にとっても、再建築不可物件の戸建て住宅はひとつの選択肢となるかもしれません。東京都内の集合住宅は、バイクの駐車を禁止しているケースが少なくありません。再建築不可物件は自家用車を駐車できるスペースがないことが多いですが、バイクの場合、設計次第で玄関前や室内にもスペースを確保することができます。

次に再建築不可物件をリフォームして貸す場合はどうでしょうか。

再建築不可物件の賃貸事情に詳しい都内のある不動産業者は、「他の一般的な賃貸物件同様、最寄り駅からの距離、周辺地域の賃料相場とのバランスなど、物件の条件の良し悪しがシミュレーションの前提となる」と前置きした上で、次のように話します。

「東京23区内の場合、駅から10分以内の物件で、賃料が周辺エリアの相場とほぼ同じくらいであれば、テナント（賃借人）はすぐに見つかります。23区内には戸建ての賃貸物件の数がとても少ないからです。マンションと比較しても、戸建ての再建築不可物件にはメリットがあります。例えば、学生が賃借人となった場合、4年後には引っ越してしまいますが、戸建てであれば家族と一緒に10年以上住むということも多くなります。そのため安定した賃貸収入を得ることができます」

なお、住む貸すいずれのパターンであっても、税金が安いというのも長所です。再建築不可物件は資産価値の低さがデメリットとされていますが、これは固定資産税評価や相続税評価も低くなることと同義です。特に固定資産税は毎年かかる負担の重い税金です。生活のコストを低く抑えることができるという再建築不可物件の特徴は、他の物件と比較しても有利な点となるでしょう。

生まれ変わった再建築不可物件

Check Point 3

# DIYでリフォームする

## ホムセンやネット通販でひと通りの建材は揃う

　今にも崩れかけのボロボロの物件を大規模に修繕する場合、安全面でのリスクや技術的なハードルが高いため、専門業者にリフォームを依頼することが必須となります。一方で、手直し程度で住める再建築不可物件であれば、ＤＩＹで一定水準まで修繕することが可能です。現在、ＤＩＹのための材料の多くはホームセンターや、建材を扱う業者から購入できます。

　では、実際にどのようなシーンであればＤＩＹが可能なのでしょうか。

「自分で手直しできる代表的なものには、クロス(壁紙)があります。特に貼ってはがせるタイプのフリースクロスを使えば、比較的簡単に施工することができます。他にも、ビニールクロスや紙クロス、布クロスなど、種類やデザインは豊富にありますので、自分の好みや、賃借人のライフスタイルを考慮して選んでいくのがよいでしょう」(都内リフォーム業者)

　なお、フリースクロスは貼り換えが簡単な半面、はがれやすいというデメリットもあるようです。原状復帰が前提となる賃貸物件ではメリットを発揮しますが、ＤＩＹ後に長期にわたって貸し出すとするならば、しっかりと糊付けするタイプの他の種類のクロスを検討してみるのもよいかもしれません。

　クロスの価格は千差万別ですが、一般的に量産型のビニールクロスの価格が安いとされており、紙クロスや布クロスは相対的に割高になっています。

「床材の貼り換えもＤＩＹが可能です。つなげるだけの、はめ込み式ウッドタイルもあります。床全体はもちろん、部分的にフローリングにすることもできます。釘や接着剤を使わない商品も多く、手軽に作業できます」(同)

　はめ込み式のウッドタイルは、仮に一枚だけ傷がついてしまった場合も、その部分だけ取り換えればＯＫ。また他の物件に使うことができるので、複数の物件を運用する際には費用も低く抑えられます。

「トイレ、バスタブ、キッチンなどはホームセンターで購入可能です。洗面ボウルや照明、カーテンレールなど細かい建材も専門業者からネット通販で買えます。金額はピンキリなので、予算や利回りなどを想定し、見合ったものを選びましょう。最近では、環境に優しく、長持ちする建材も売られています。ＤＩＹでエコな家づくりを目指すのもいいかもしれません」(同)

　ＤＩＹは慣れれば作業効率も高まり、より費用を抑えた物件運用も夢ではありません。物件に愛着が湧くというのもＤＩＹならではの楽しみです。一方で、時間がかかるため計画的な修繕スケジュールを組むことが必要です。難しい作業を無理してＤＩＹでしようとしたり、時間をかけ過ぎたりすると、投資効率は逆に落ちることになります。むしろ「最初からリフォーム業者に依頼したほうが安く済んだのに」と本末転倒な事態になる可能性もあります。

　難易度やコスト、時間を計算に入れつつ、できることは自分でやり、必要な部分は大胆に業者にまかせるというのが、再建築不可物件のリフォームを行う上では重要となってくるのです。

# DIYリフォームで必要になる 主な建材・商品

## 【クロス】

### 洗えるクロス

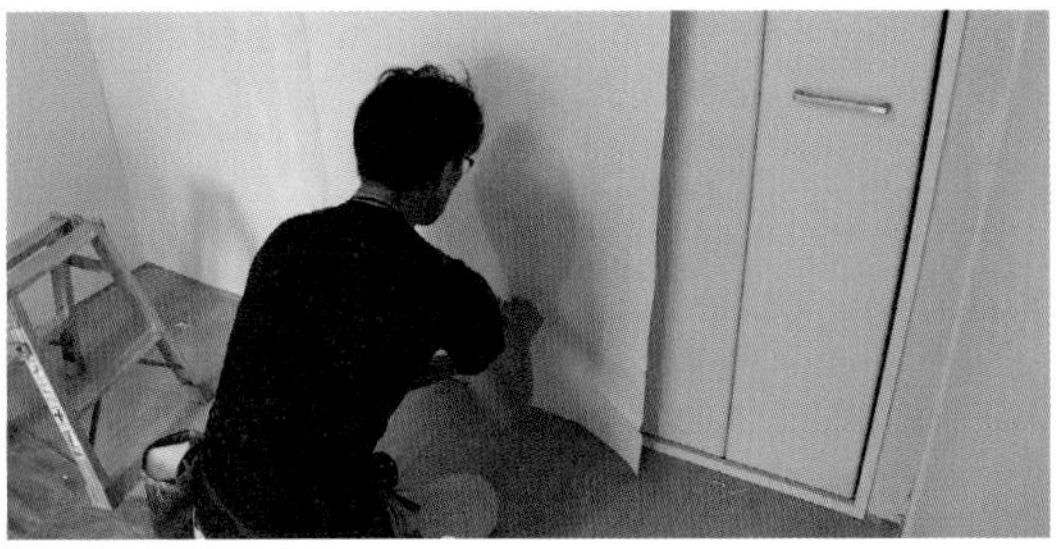

汚れに強く耐摩耗性等の表面強度に優れたクロス。クリーニングでタバコのヤニや冷蔵庫裏の静電気焼け、油汚れなどが新品同様に戻り、貼り替えコストが大幅軽減できます。

洗えるクロス NO.1 シリーズ：1m＝参考価格 1100 円（税込）

## 【床材】

### ウッドタイル・クリックウッド

糊が不要で差し込んで敷き詰めるだけのクリックウッドや、タバコの焦げ跡など傷や汚れ一部分だけの補修、貼り替えが可能なウッドタイルなど、経済的でエコな床材も。

ウッドタイル：1 ケース（46 枚）4.27$m^2$＝参考価格 2 万 2545 円（税込）
クリックウッド：1 ケース（10 枚）2.19$m^2$＝参考価格 1 万 1563 円（税込）

## 【建材】 洗面ボウル・アイアン飾りetc.

多くの建材はホームセンターや専門業者から購入することが可能。最近ではネット通販で個人でも専門業者から購入することが可能となっています。下記以外にもドアノブや洗面鏡、トイレットペーパーホルダー、照明器具などDIYで設置可能な建材は多数あります。

**洗面ボウル**

陶器洗面ボウル（アンモナイト）＝参考価格 3 万 4430 円（税込）

**アイアン飾り**

アイアン飾り（プロヴァンス風）＝参考価格 5 万 8080 円（税込）

**カーテンレール**

カーテンレール（アンティーク）2 本セット＝参考価格 1 万 978 円（税込）

**ポスト**

ポスト（アメリカンポスト）＝参考価格 9020 円（税込）

ショールームに足を運んでじっくり選びましょう。

**※掲載している商品はすべてインクコーポレーションのものです。詳しくはウェブサイトをご覧ください。**
**https://www.inkc.jp/　https://araerukurosu.com/**

Check Point 4

# 自治体から歓迎されるリフォームとは

## 空き家対策の最大の目的は火災リスク抑制

これまで再建築不可物件の再生やリフォームについて基本的な情報を紹介してきましたが、自治体はどう考えているのでしょうか。

２０２１年５月に開催されたオンラインセミナー「社会問題化する空き家対策」（解体工事関連・クラッソーネと空き家活用サービス・ジェクトワンの共同開催）では、東京・墨田区の空き家対策係・都市計画部危機管理担当係長がゲストスピーカーとして招へいされましたが、ここで自治体の本音が垣間見えました。同区では東京都の中でも空き家が多いと言われています。セミナーに参加した不動産関係者はこう言います。

「墨田区の担当者は、長屋や超狭小住宅（４～５坪）、無接道、借地権など市場性の低い物件が放置されている現状を説明していました。こうした空き家を活用する場合は、建築基準法にのっとり耐震・防火をしてほしいという意向でした。また、墨田区は今後、東京都の事業者以外にも門戸を開き、情報提供をしていくと話していましたね。墨田区の空き家所有者は、区外に住んでいる人も多く、情報を発信しても届きにくいという現実があり、苦慮している様子でした」

自治体としても、市場性の低い再建築不可物件が放置されている現状をどうにかしたいという意向はあるようです。その最大の目的は火災リスクを抑えることでしょう。

「役所としては空き家のまま放置をされるのが一番困ります。ただし、再建築不可物件を少し手直ししただけで、耐震や防火について改善されないまま新たな住人が住み着くのも避けたい。近年、都内の東側エリアでは空き家を格安で買い取り、最低限の手直しをしただけで外国人や生活保護受給者に貸す事例も少なくありません。この場合、根本的な防火対策の解決になっていないので自治体からは嫌われます」（前出の不動産業者）

再建築不可物件に関してもあくまで現行の建築基準法に則り、耐震・防火の対策をきっちりやった上でリフォームしてほしいというのが自治体の本音でしょう。本書で紹介しているような、防火対策をきちんと行ったフルリフォームの場合、自治体の職員に喜ばれる場合が多いといいます。再建築不可物件の施工に携わる工務店の関係者はこう証言します。

「工事に際し、区役所に相談に行くと親身になってくれます。火災リスクの低減はもちろん、周辺環境が大幅に改善され、治安もよくなりますからね。加えて、固定資産税も上がるので税収アップにつながります」

新築同様にフルリフォームした場合、やはり建物の固定資産税が上がってしまうのが現状です。しかし、新築物件と違って評価額の鑑定方法が異なるようです。

「リフォーム後の再建築不可物件の評価額は、管轄の税事務所と相談しながら決めていくことが多いですね。周辺相場を考慮しつつ、地域に与えるメリットを勘案してくれるので大幅に税額が増えるということはあまりないかと思います」（前出の工務店関係者）

では、再建築不可物件のリフォームに際し、自治体から歓迎されるような耐火・防災対策にはどんなものでしょうか。具体的に解説しましょう。

空き家が狙われる!? 出火原因で多い「放火」

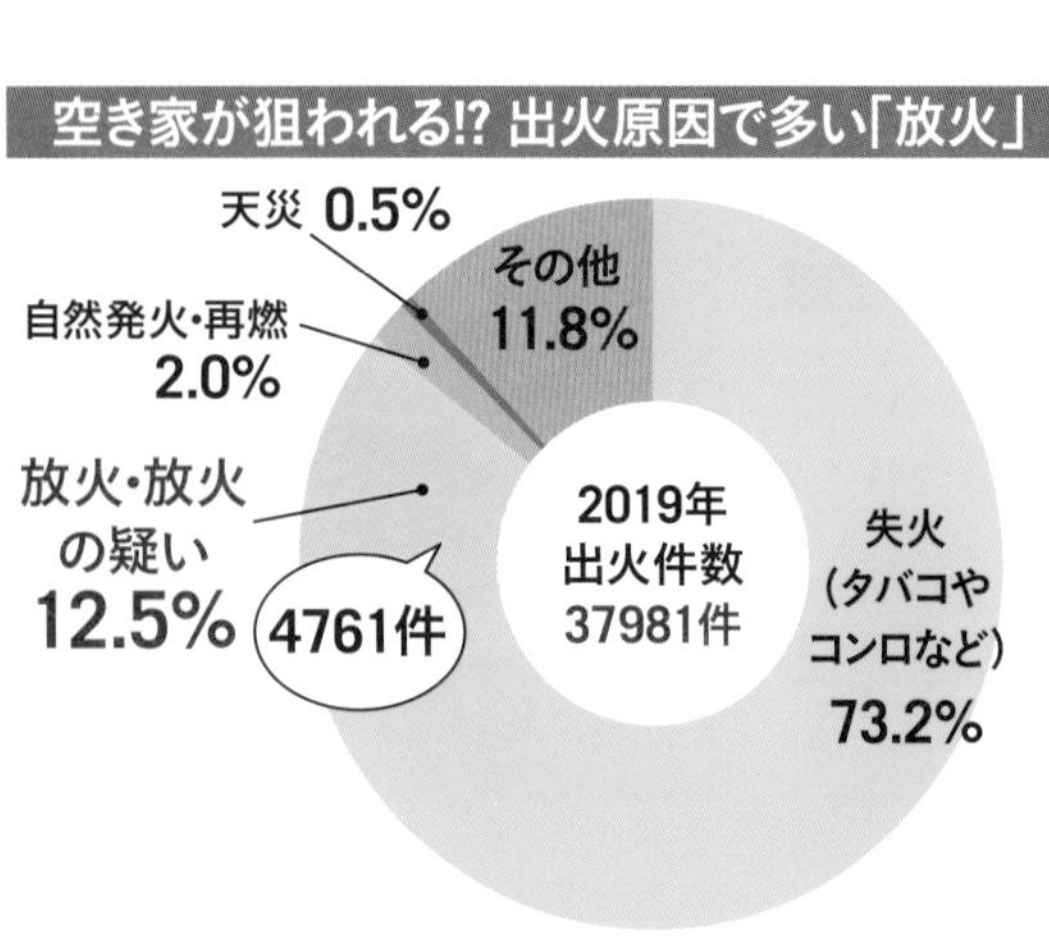


出典：「令和元年版 消防白書」（総務省）

# 自治体や近隣住民から歓迎される 耐火・防災対策

## 屋外に洗面ボウルや水栓を設置

初期消火が可能に。屋外にあるので住人が不在時に近隣住民が利用して初期消火することが可能です。また、子供やペットが汚れて帰ってきても外で洗えるというメリットもあります。

## 消化器を玄関口に設置

こちらも初期消火対策のために設置します。再建築不可物件の近隣には、同じような古い家屋が多いので、近隣が火事になった場合でも地域の消火活動として活用が可能です。

## 煙探知機や熱探知を設置

消防法で既存住宅でも設置が義務化されましたが、古い家屋の場合、ほとんど設置されていないのが現状です。地域特性を考え、リフォーム時に各部屋にきちんと設置します。

## 耐震補強金物の設置

筋交いプレート、ホールダウン金物、アンカーボルトなどを用いて古い木と新しい木を固定し、耐震補強します。基礎がない古屋の場合はベタ基礎を打設して耐震補強します。

## 防腐剤注入木材の使用

防腐・防蟻剤が入った木材を使用することにより、シロアリの侵入を防止できます。シロアリによる建物の倒壊リスクが少なくなりなり、木造建築の寿命を長くすることができます。

## 防火材料の使用

不燃材料や準不燃材料を使います。屋外の防火サイディングや屋内の石膏ボード、防火認定ペアガラスなど。またクロスも不燃や準不燃のものを使用（例：洗えるクロス→ P37 参照）。

# ここまで美しくなる！ボロ家が新築物件のように再生

# 再建築不可物件リフォーム実例

# 全46軒ビフォーアフター図鑑

路地の奥や、狭い私道の突き当り、入り組んだ住宅密集地の真ん中に立っていた崩れかけの空き家はどう甦ったのでしょうか。

実際の物件からあまり知られていない具体的なリフォーム事例を紹介！

華麗なる変身を遂げた戸建ての姿を見てみましょう

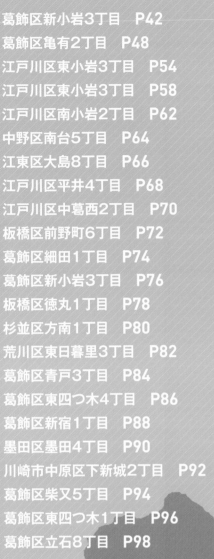

001/046

葛飾区新小岩3丁目

# いつ壊れても不思議ではない廃墟が オシャレなボートハウスに生まれ変わる

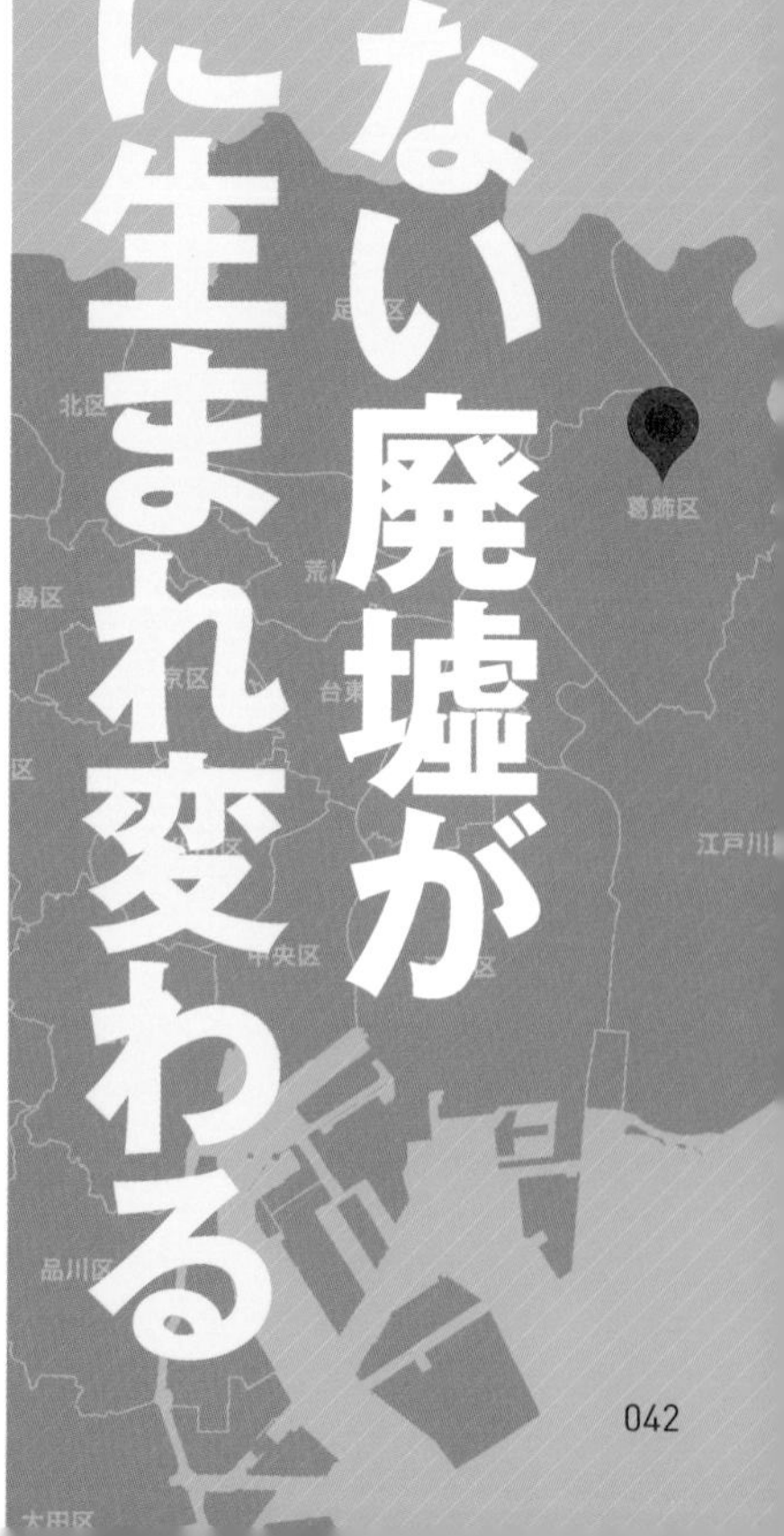

崩壊しかけた2棟の住居が重なり合い、近隣住民に大きな不安感を与える問題物件

After
元の形が艇庫を連想させたことから、
ボートハウス風のデザインに！

## こだわりはいろいろと！
# 施工Check Point

狭苦しかった居間も敷居を外すことで広々としたリビングに。

足の踏み場もなかったキッチンは、不要な物を排除して機能性も充実させました。

手狭すぎた洗面所も余計な物を排除することで、快適な空間に様変わり。

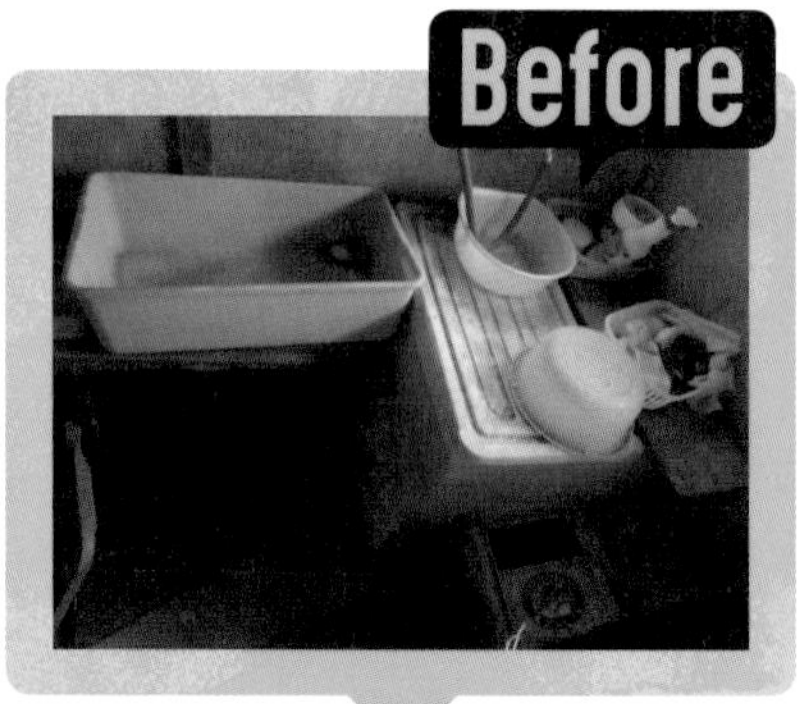

散乱する残置物を撤去し、真っ白なクロスに張り替えることで新築のように。

再建築不可物件豆知識①

## 戦前までの道路の幅

再建築不可物件はなぜ多く存在するのでしょうか。それは戦前～戦後まもなくの間、自動車が普及していなかった時代の生活道路の標準的な幅員が6尺(1間＝1.82m)～9尺(1間半＝2.73m)だったからです。1950年に建築基準法、1968年に都市計画法が施行され、現在の「4m道路に2m接道」という決まりができました。結果、1950年以前、もしくは1968年以前からあった建物が現在の再建築不可物件になったのです。ちなみに尺貫法で道路の幅が制定されたのは江戸時代。江戸時代末期には、民家に「犬走り」と呼ばれる通路(3尺＝約90cm)の設置が義務付けられました。

## 物件DATA

- 葛飾区新小岩3丁目
- 築 築年不詳
- 間 2DK+2ロフト
- 土 51.33㎡
- 建 42.14㎡

**A**

1F　2F　3F

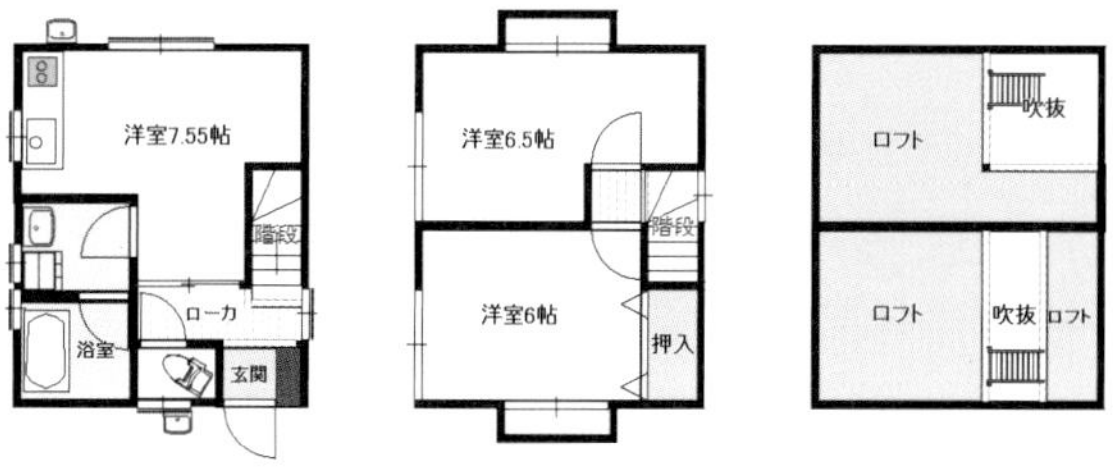


**B**

1F　2F　3F

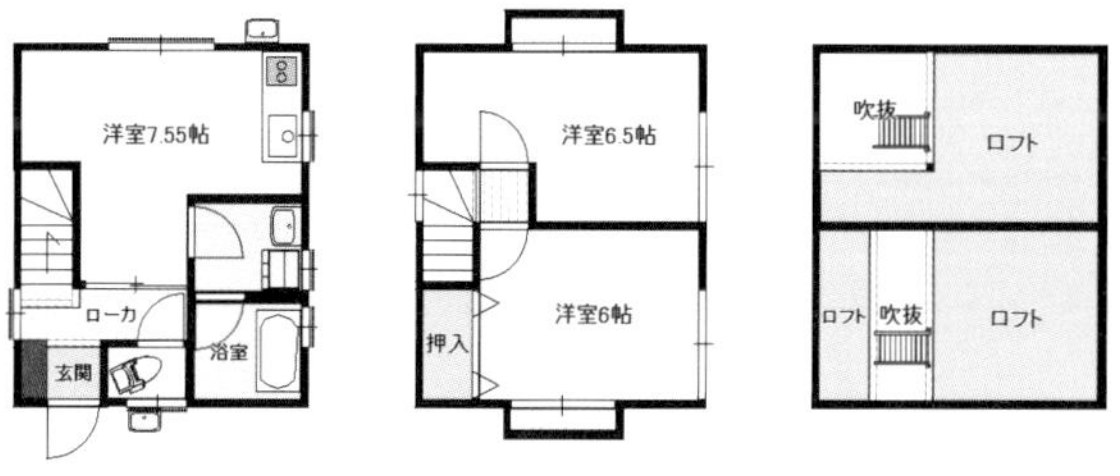




凡例 ●：物件所在地 築：築年 間：間取り 土：土地面積 建：建物面積

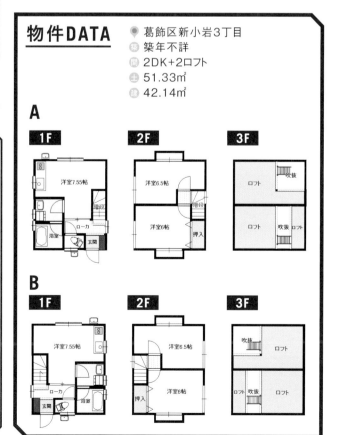

002/046

葛飾区亀有2丁目

# 気持ちいい陽射しが降り注ぐ自然との調和が感じられる家

Before

陽当たりはよく、避難経路もバッチリだが、接道が悪すぎて住みにくい物件

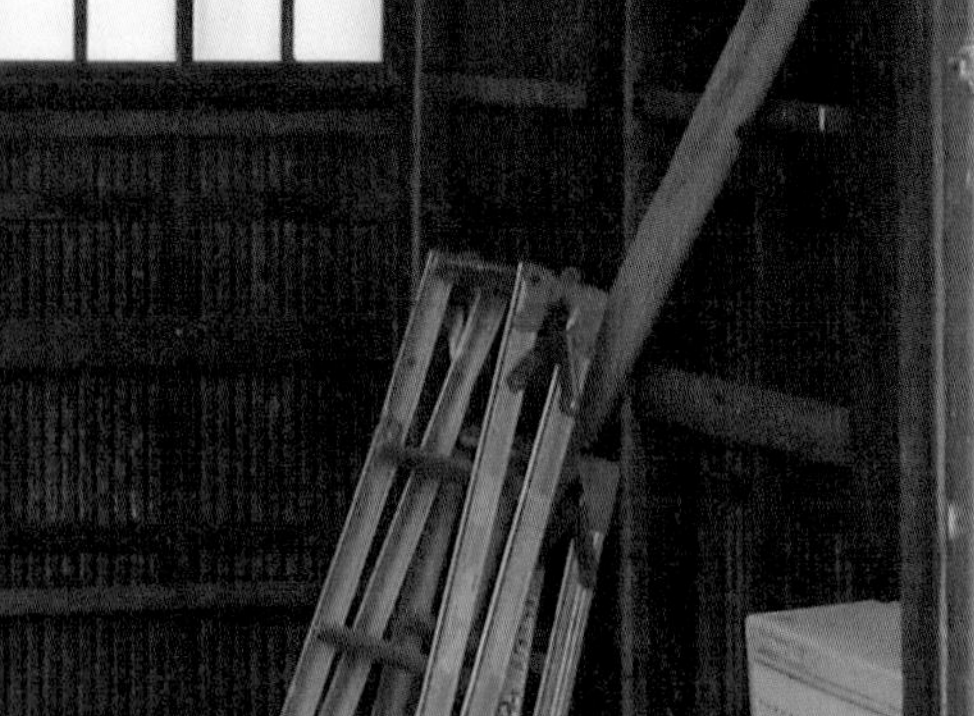

After
アメリカの田舎を連想させる
落ち着いた雰囲気の住居に大変身
ひったくり防止モデル地区

## こだわりはいろいろと！
# 施工Check Point

狭かった玄関は場所を変えた結果、出入りがかなり便利になりました。

暗すぎて落ち着いて用も足せなかったトイレも、明るく清潔に。

天井裏は見事なロフトに変わり、生活空間をいっそう広げてくれます。

照明の当たらない所が多く薄暗かったところは、採光源を増やすことで明るくなりました。

再建築不可物件豆知識②

## 「玉石建て」って何?

日本建築の伝統的な工法として「玉石建て」があります。戦前・戦後の古民家や再建築不可物件でそれが見られます。地盤に玉石と呼ばれる石を置き、その上に柱を建てていくのです。1971年の建築基準法改正で、コンクリートまたは鉄筋コンクリート造の布基礎が義務づけられる以前の物件に使われていた工法です。しかし玉石建ての場合、木材が腐食したりシロアリの被害にあうことも多く、耐震性にも問題があります。取り壊して立て直し可能な場所ならば基礎をゼロから作れますが、再建築不可物件の場合は現在の建物を残しつつ新たに基礎を作っていきます。

## 物件DATA

葛飾区亀有2丁目
築 1965年
間 2K+2ロフト
土 59.91㎡
建 37.18㎡

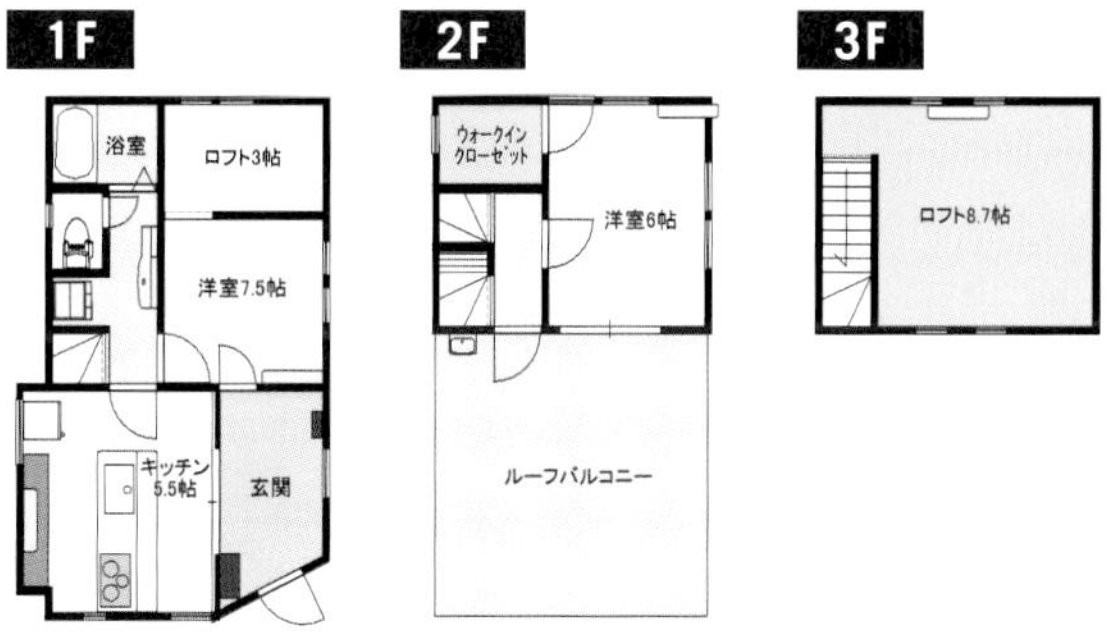

003/046

江戸川区東小岩3丁目

# 古臭い住宅の面影を一新！爽やかさを感じさせる「青」

玄関まで覆う草木は来客を阻み、家全体は暗くて近づきがたい雰囲気に

# こだわりはいろいろと！
# 施工Check Point

ロフトにつながる階段はオシャレな梯子風に。

狭すぎて落ち着かないトイレも間取りを広くとって快適空間に。

古臭い照明からオシャレな電灯に交換。室内を明るく照らします。

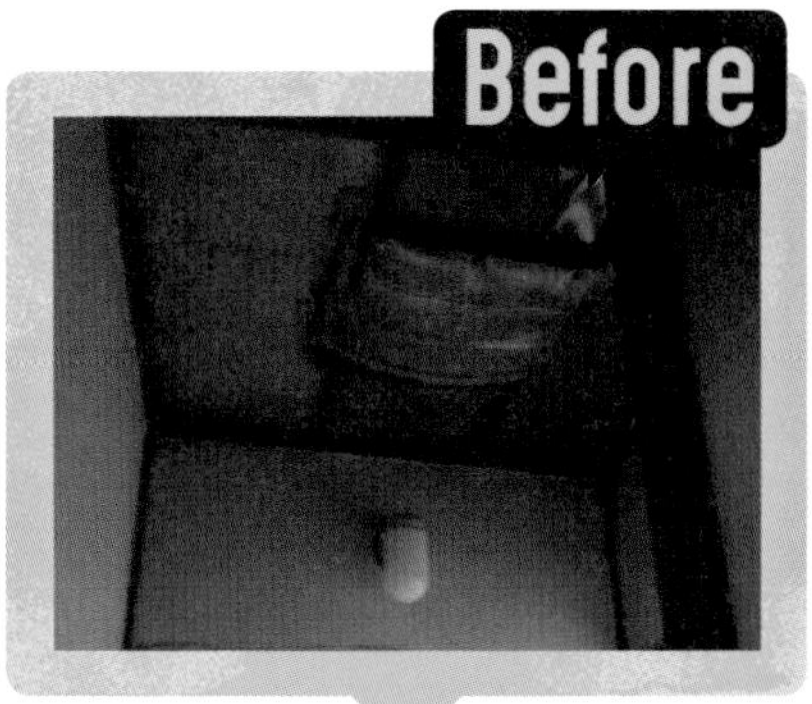

必要最低限の物以外を排除して機能性が抜群になったキッチン。

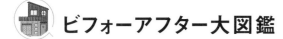

LIFE
IS A
Beautiful
RIDE
POST

## After

## 玄関周りを舗装することでスッキリ
## 青のログハウス調は米中西部をイメージ

# こだわりはいろいろと！
# 施工Check Point

狭くて足も伸ばせなかった風呂は、間取りを広げることでリラックスルームに。

再建築不可物件豆知識③

## 庭に生える木は大敵

20年以上も空き家で放置されている物件の場合、敷地内に大木があるケースも。樹齢もかなりあり、根っこが建物を持ち上げていたり、枝が隣地に越境していることがよくあります。空き家の落ち葉に関するトラブルは深刻です。枯れ葉や枝が近隣の家の側溝や下水管を詰まらせることもあるからです。3～4階の高さまで木が育ってしまうと、伐採するのも大変。作業場所が狭いので、森林伐採のようにチェーンソーで一気に切ることはできず、段階的に輪切りにして、搬出していきます。生木は水分を含むので重さもあります。時間はもちろん費用も多くかかり、1本の木の処理費用に50万円以上かかるケースもあります。

### 物件DATA

- 江戸川区東小岩3丁目
- 築 1964年
- 間 1DK+ロフト
- 土 50.85㎡
- 建 52.68㎡

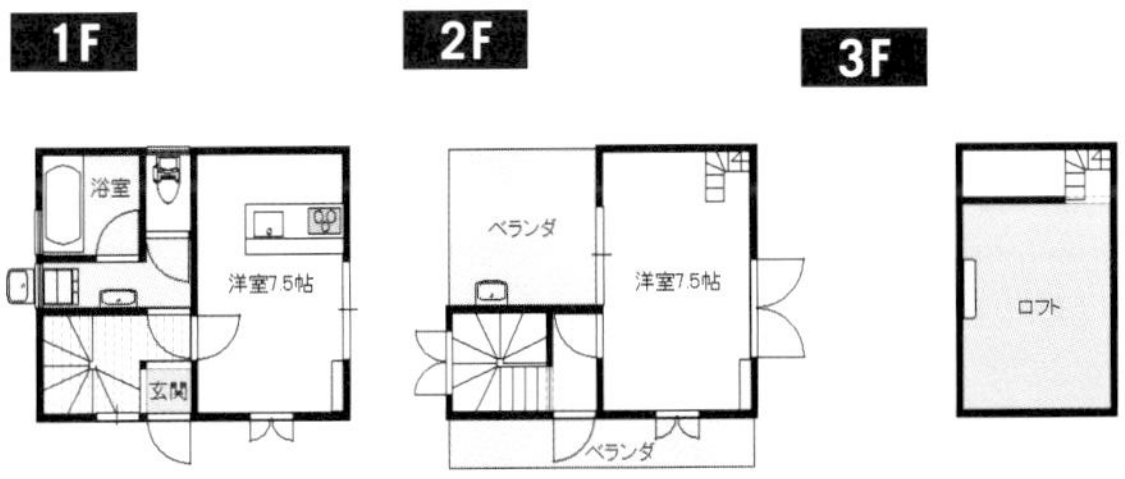

004/046

江戸川区東小岩3丁目

# 不気味な雰囲気をまとった家の大きな変化の決め手は「赤」

雑草は生えっぱなしで放置され家全体が暗い雰囲気に

# こだわりはいろいろと！ 施工Check Point

曇りガラスから透きガラスにすることで元からの陽当たりの良さが向上しました。

広々と改善されたのはもちろん、周囲の壁紙もオシャレに改修。

見ているだけで木の軋む音が聞こえそうな古い階段もオシャレな螺旋階段に。

汚れで不衛生だったキッチンも、シンプルかつスタイリッシュに。

After

# 赤色のオシャレな外壁が印象的
# 舗装された玄関周りはスッキリ

LIFE
IS A
Beautiful
RIDE

# こだわりはいろいろと！<br>施工Check Point

全体的に白いクロスで統一しながらワンポイントの赤がいい味を出しています。

**再建築不可物件豆知識④**

## なぜ放置されるのか

再建築不可が空き家のまま放置されるケースが多いのは市場流動性が低いためです。相続になった場合は資産価値があれば名義変更をし、売却することができます。しかし、除去費用がかかり逆に持ち出しになるような場合は放置される傾向にあります。また、再建築不可物件にお住まいの方の中には、自分の家が再建築不可だと知らない方も大勢います。なぜなら新築で建てた時は問題なく建てられたからです。このため、病気になって施設に入るときに、子や孫に「自分が死んだら売却して葬式代の足しにしてほしい」と話していても、いざ売却しようとすると「負動産」だったというケースもあるのです。

## 物件DATA

- 江戸川区東小岩3丁目
- 1964年
- 1DK+ロフト
- 66.91㎡
- 50.22㎡

**1F**

**2F**

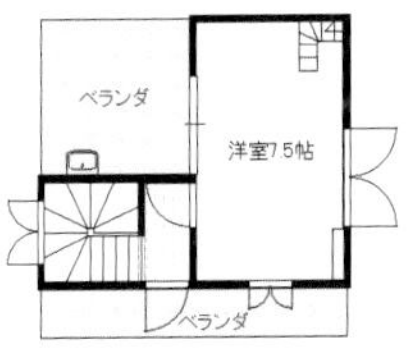


**3F**

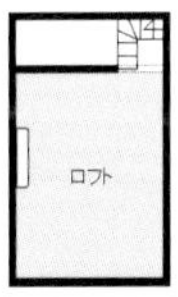

005/046

江戸川区南小岩2丁目

# 蔦や枯れ木もスッキリして人を招きたくなる家に

## こだわりはいろいろと！ 施工Check Point

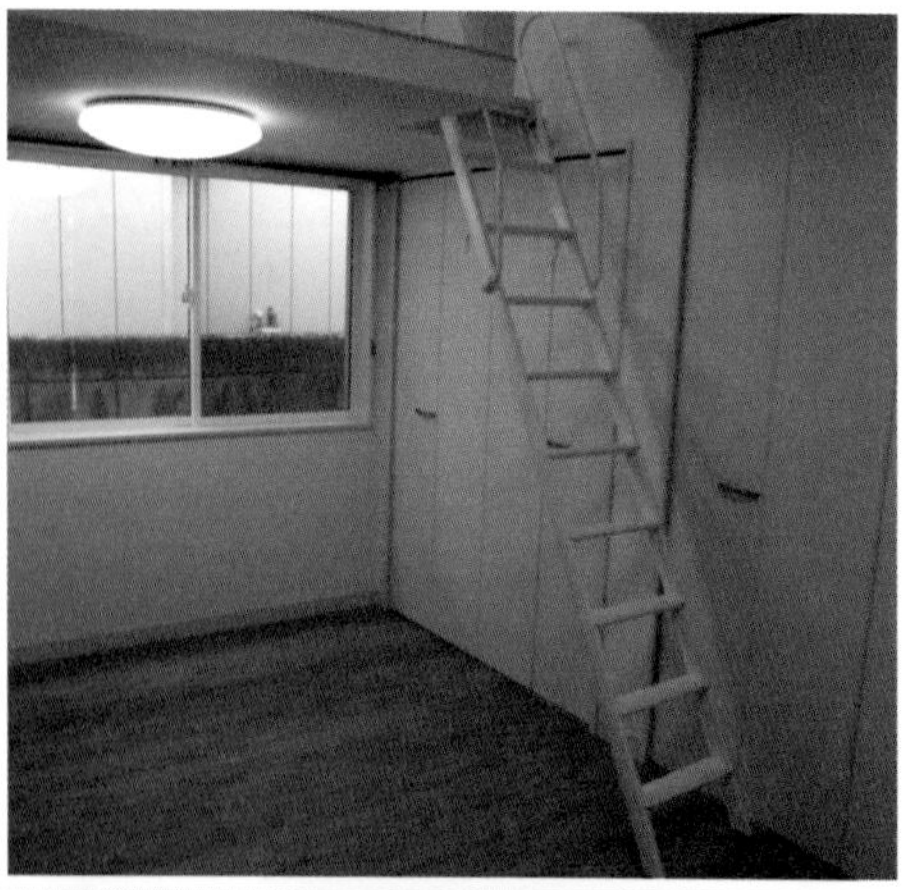

## 物件DATA

- 江戸川区南小岩2丁目
- 築 1961年
- 間 2K
- 土 64.1m²
- 建 63.8m²

1F

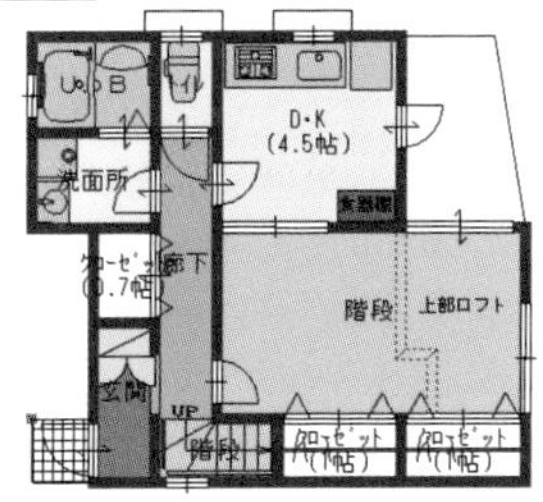


2F

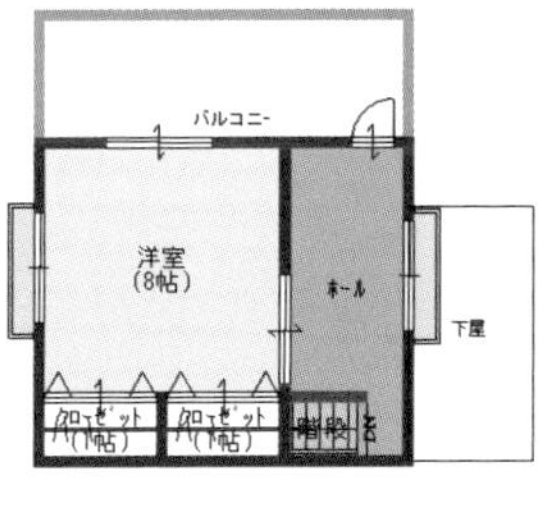

洗濯物もまともに干せなかったベランダも広々と改善。オシャレなシェードや清潔感のあるオーニング花壇もポイントに。また、狭い敷地をフルに活用できるように設けたロフトは、生活空間を広げてくれます。



凡例 ●:物件所在地 築:築年 間:間取り 土:土地面積 建:建物面積

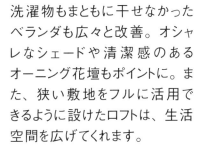

中野区南台5丁目

# 悪立地から工事も難航するも見事にリフォームを果たす

階段下という悪立地と古びた玄関が不気味

## こだわりはいろいろと！ 施工Check Point

After

## 外装をガラリと変えて洋風な一軒家に

### 物件DATA

- 中野区南台5丁目
- 築 1957年
- 間 1DK+ロフト
- 土 52.1㎡
- 建 38.34㎡

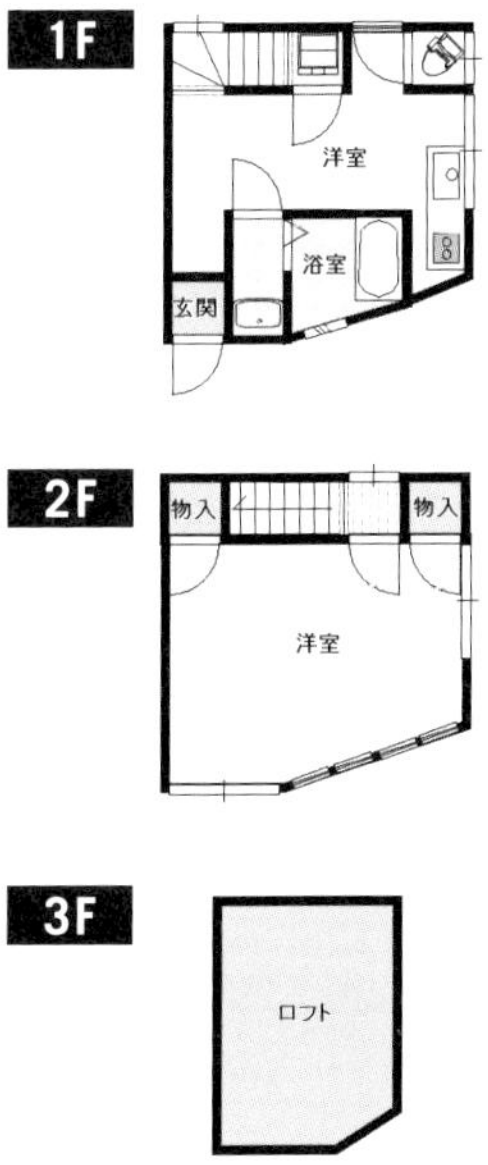

外装の刷新に伴い、水回りもオシャレな作りに大幅リフォーム。使いづらかった和式トイレも洋式に変更。土壁もクロスに張り替えたことで、全体的に暗い印象を受けていた室内も一転、明るく感じるように。

007/046

江東区大島8丁目

# 基礎もなく柱も大半が腐食した住居をシンプルで住みやすくリフォーム

いつ崩れるかわからない家屋は周囲に不安を与えていた……

## こだわりはいろいろと！ 施工Check Point

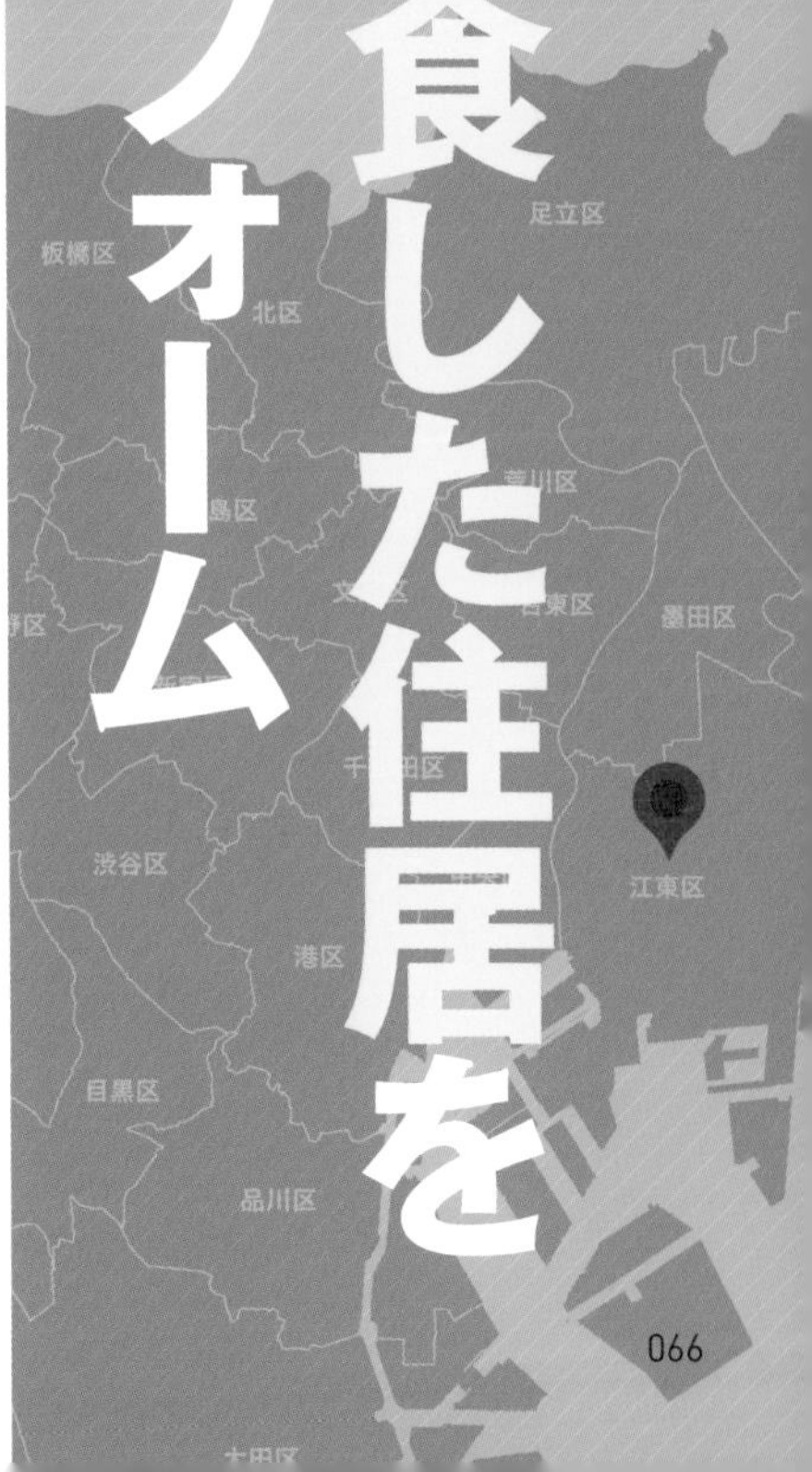

## After

# 足りない部分をしっかり補強し、シンプルでありながら見栄えもいい住居に

### 物件DATA

- 江東区大島8丁目
- 築 1961年
- 間 3DK
- 土 35.45㎡
- 建 33.04㎡

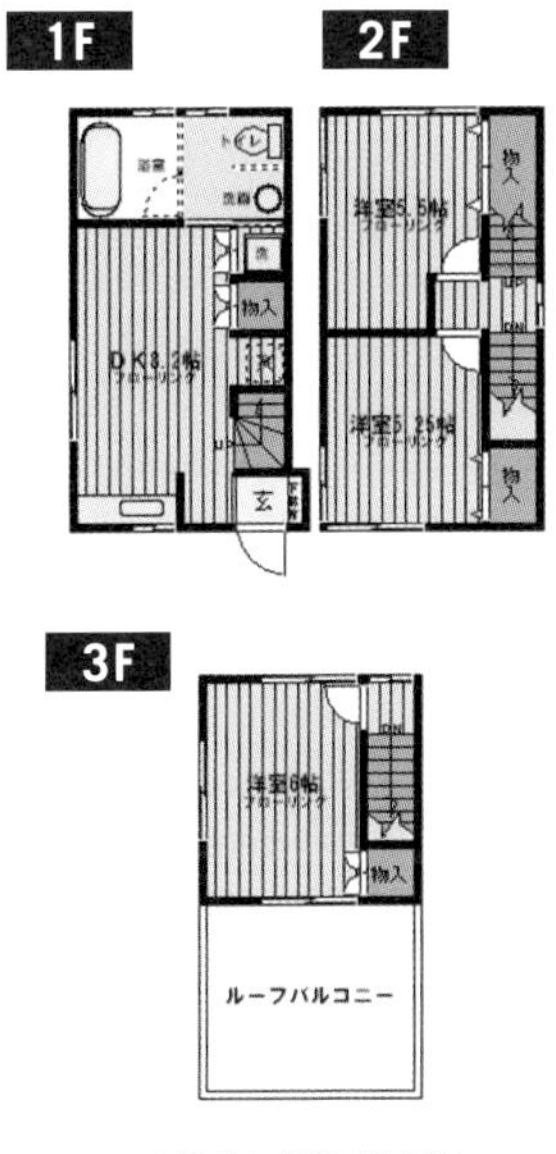


2軒共に間取りは同じ

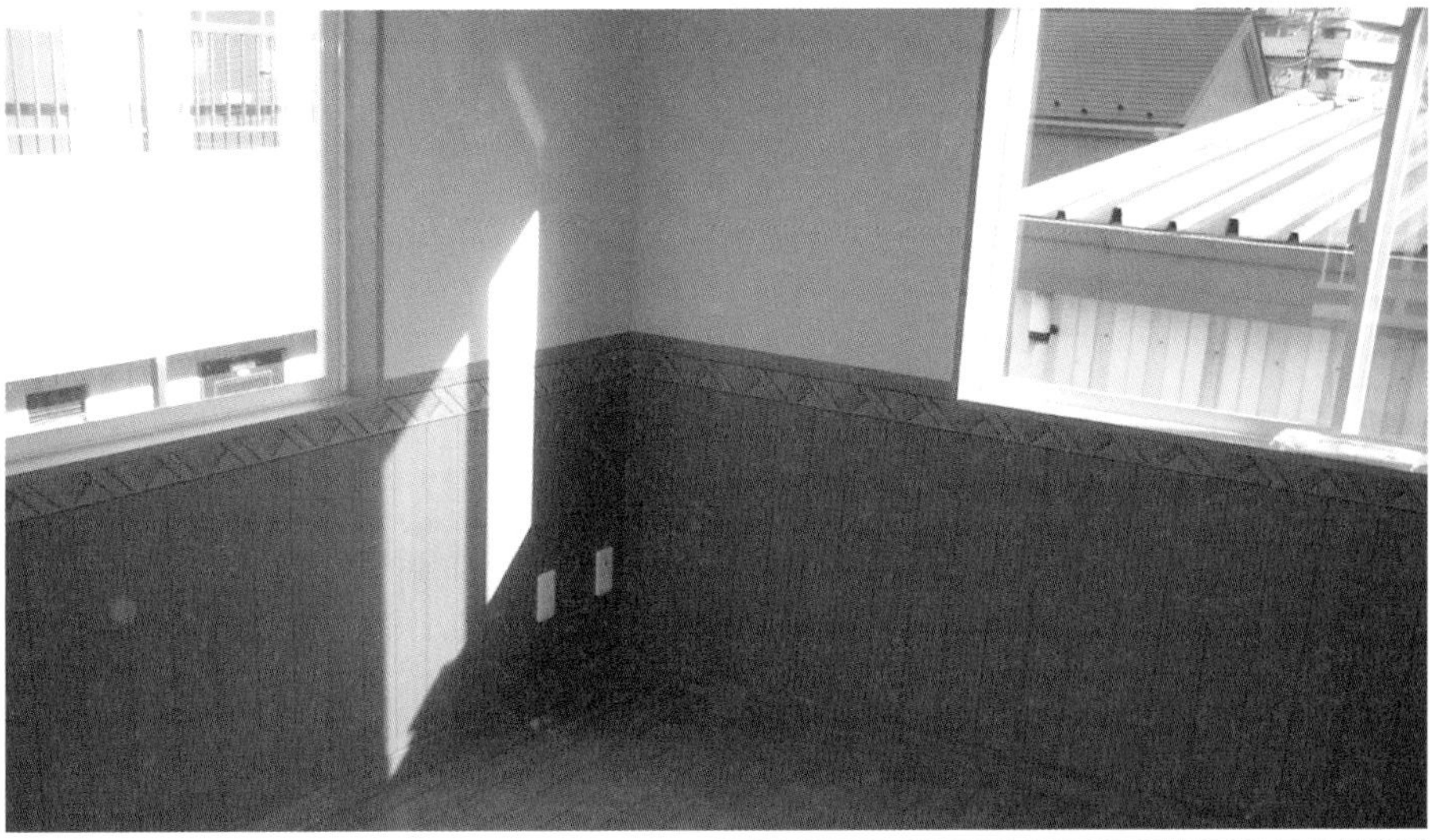

連なった２軒が共に基礎がなく、柱も大半が腐食していて、いつ倒壊してもおかしくない物件でしたが、しっかりとした補強を行うことにより、デザイン性の向上と安全性を確保。人が住みやすい住宅となりました。

江戸川区平井4丁目

# 古ぼけた外観を大胆改築！イメージはフレンチの洋館

寂れた路地裏にあった年期の入ったたボロ家

## こだわりはいろいろと！ 施工Check Point

After

まるで別宅にいるような
洋風に大胆アレンジ!

## 物件DATA

江戸川区平井4丁目
築 1962年
間 3K
土 32.42㎡
建 49.68㎡

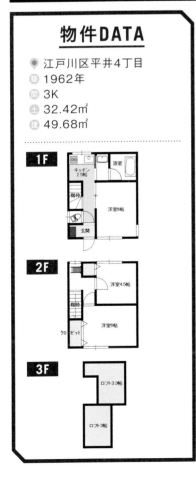

玄関のドアやポストに始まり、収納スペースにいたるまで、大胆な施工を実行。一般的な古い家が一転して洋風な一軒家に様変わりしました。また、屋根裏を改造して作られたロフトは、新しい生活空間を広げてくれます。

009/046

江戸川区中葛西2丁目

# ナチュラルウッドを使用した自然ハウス素材がコンセプトの家

Before

ところどころはげて劣化した木目が目立つ

## こだわりはいろいろと！ 施工Check Point

Before

Before

After

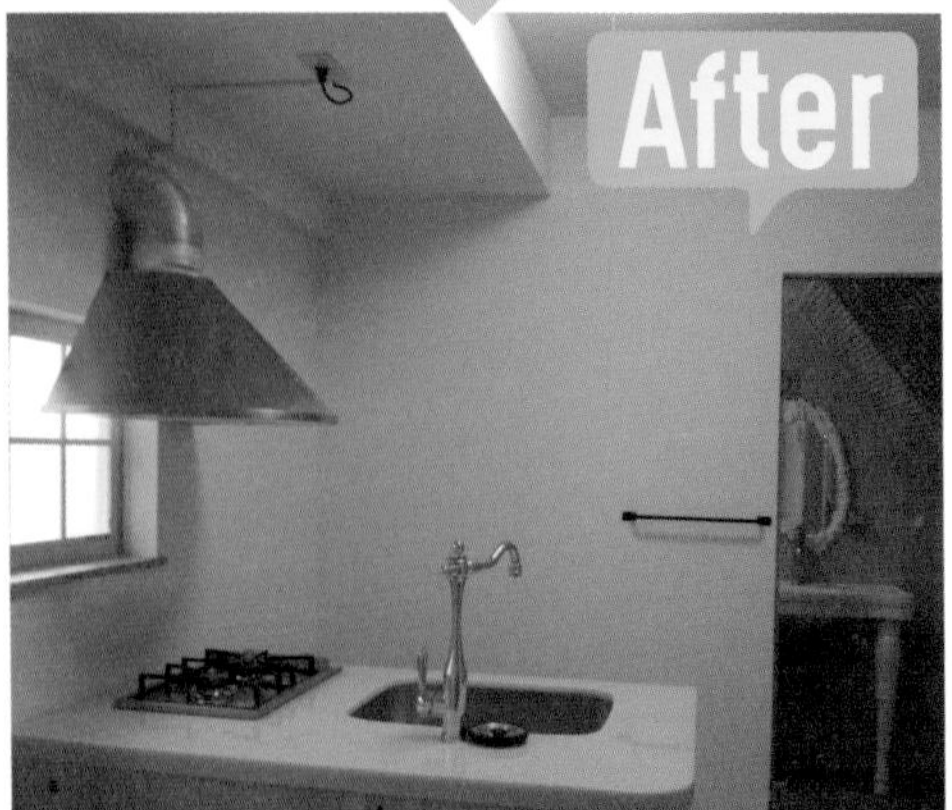

After

## 物件DATA

- 江戸川区中葛西2丁目
- 築年不明
- 3SDK+ロフト
- 56.11㎡
- 61.14㎡

**1F**

**2F**

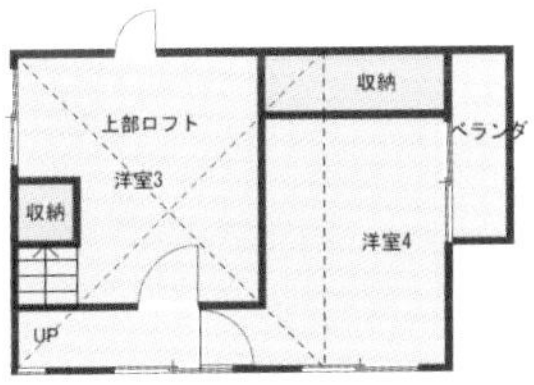

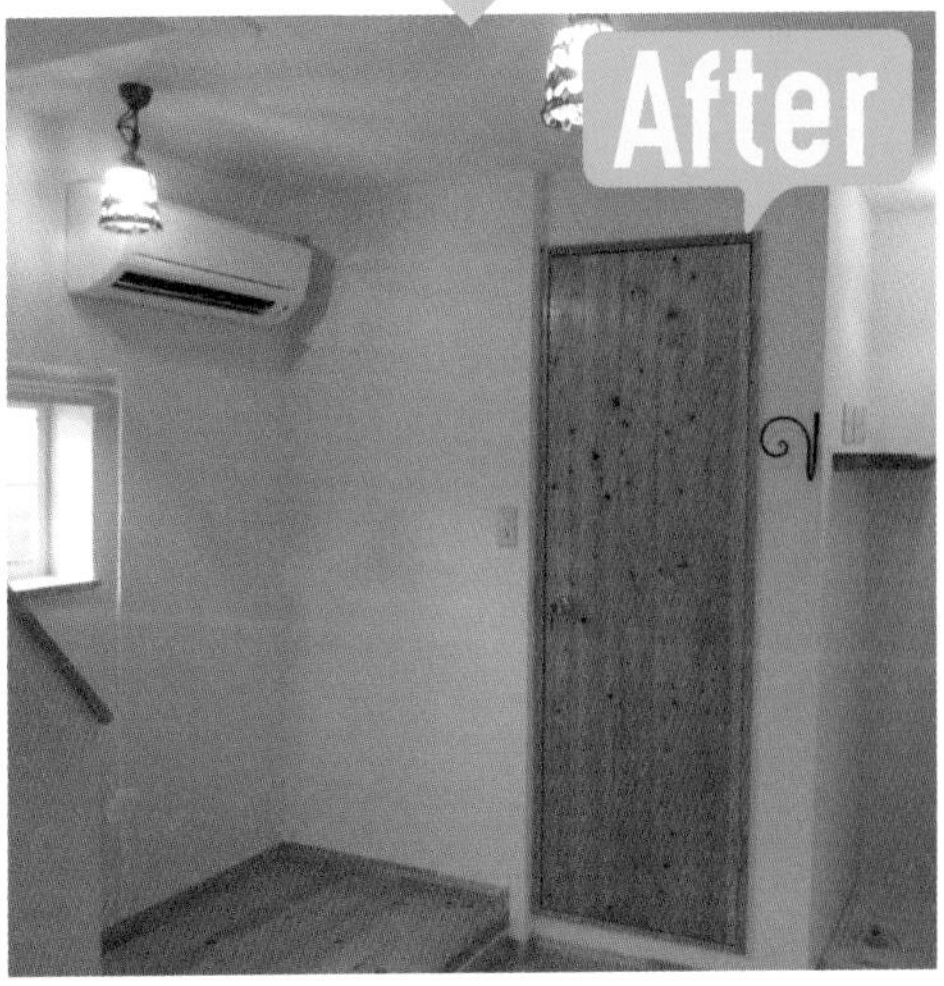


全体的に木目調が強調されていて、さらにホワイト仕様の内装は、明るさと清潔さの印象を強くもたせてくれます。木製の引き戸に大きく用いられているガラスは、廊下からも室内の様子を見ることも。

板橋区前野町6丁目

# 元の家の面影を残した余韻の残るリフォーム

草が生え放題でパッとしない印象の家

## こだわりはいろいろと！ 施工Check Point

# 前の印象を残しながら庭先まで綺麗に

## 物件DATA

板橋区前野町6丁目
築 1968年
間 2DK
土 34.73㎡
建 40.28㎡

1F

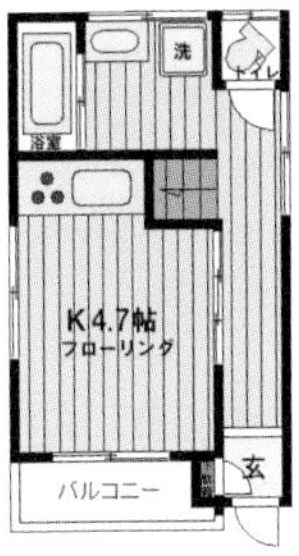


2F

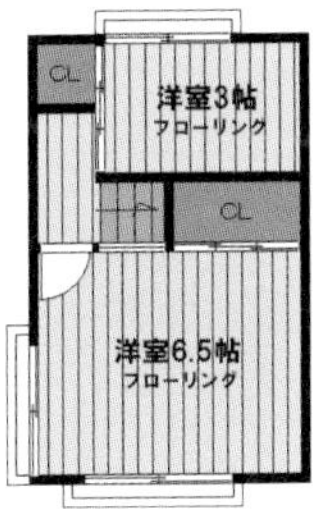

リフォーム後は前の家の面影を大きく残しながら、壁紙から床板、押し入れの中まで隅々に渡って手が入っています。さらに、浴室には大幅な手が加えられ、浴槽を囲うガラス壁は最先端で趣があります。

011/046

葛飾区細田1丁目

# ロフトの梁を生かした造りでスペインの洋館をイメージ

時代を感じさせるトタン張りの外壁

## こだわりはいろいろと！ 施工Check Point

## 物件DATA

- 葛飾区細田1丁目
- 築年不詳
- 6K+3ロフト
- 82.73㎡
- 89.25㎡

1F

2F

味気なかった窓の多くが張り替えられ、シンプルながらもセンスある仕上がりに。古さを感じさせるトイレやキッチンなど、水回りも改善。中でも、洗面台はこれまでのありふれたものから、一転してスタイリッシュに生まれ変わりました。

# コロニアル建築をイメージした意欲的な2世帯アパート

葛飾区新小岩3丁目

## こだわりはいろいろと！ 施工Check Point

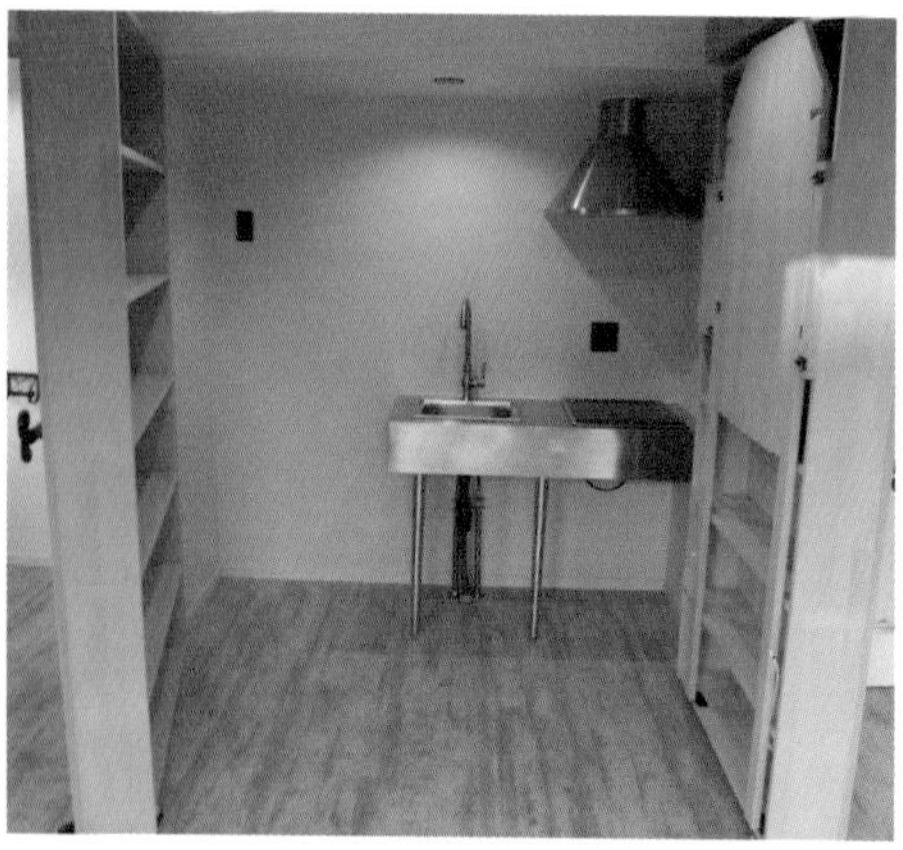

## 鉄柵やドアにこだわり 中南米風のデザインに

### 物件DATA

- 葛飾区新小岩3丁目
- 築 1963年
- 間 アパート
- 土 43.47㎡
- 建 44.52㎡

1F

2F

3F

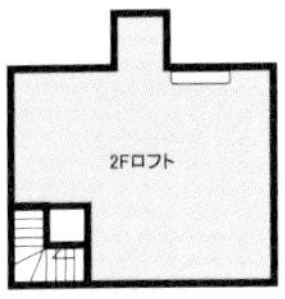

ベランダや窓周りに設置された鉄柵が見た目にも印象的。二世帯を印象づける二つのドアも趣があります。また、収納式のテーブルは斬新で、色々と遊び心を感じさせてくれます。

013/046

# 崖際に建ったおうちを安全かつオシャレにリフォーム

板橋区徳丸1丁目

## こだわりはいろいろと！ 施工Check Point

## 物件DATA

- 板橋区徳丸1丁目
- 築 1968年
- 間 3K+ロフト
- 土 76.85㎡
- 建 51.95㎡

**1F**

**2F**

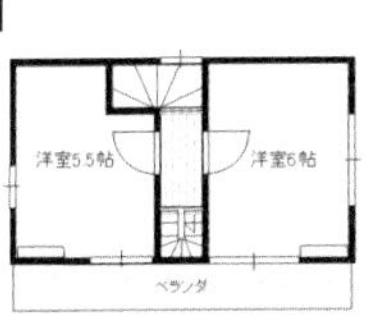


**3F**

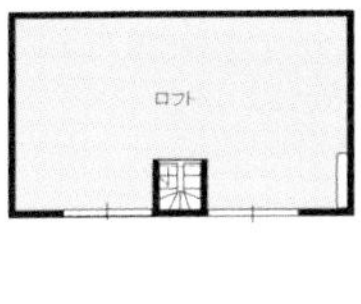

家の周りは崖地となっていますが、安全性を考慮して8本もの杭が打たれ、居住者も安心できる造りに。広々としたロフトはバツグンの居住性をもち、かつ、ロフトに続く階段も子供心を刺激するデザイン性に富んでいます。

014/046

杉並区方南1丁目

# 元の物件の印象を残しながら細部まで改善した住宅

## こだわりはいろいろと！ 施工Check Point

# 元の面影を残しながら細部にこだわった改修

## 物件DATA

- 杉並区方南1丁目
- 築 1971年
- 間 3DK
- 土 58.4㎡
- 建 57㎡

**1F**

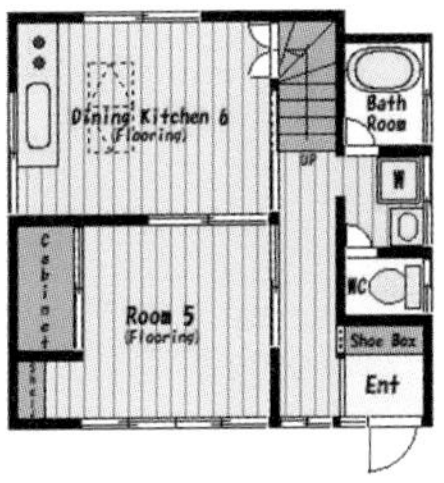


**1F**

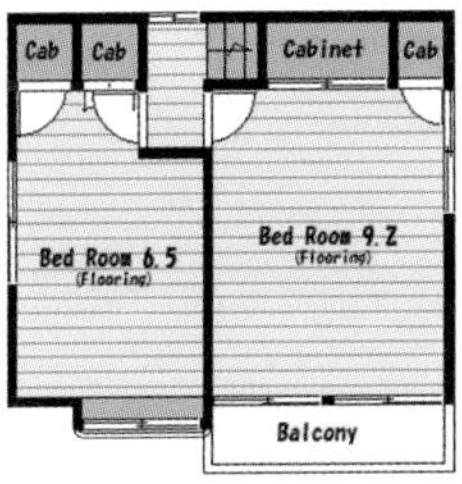

正門や玄関扉など、リフォーム前は地味な印象を受けていましたが、挑戦的な赤色に染めることで印象も大きく変化。室内に設置された扉のガラス面にも、一つひとつデザインが刻まれるなど、オシャレにまとまっています。

荒川区東日暮里3丁目

# 元の状態をしっかり残したヴィンテージリフォーム

白い塗装が経年で劣化してしまい……

## こだわりはいろいろと！ 施工Check Point

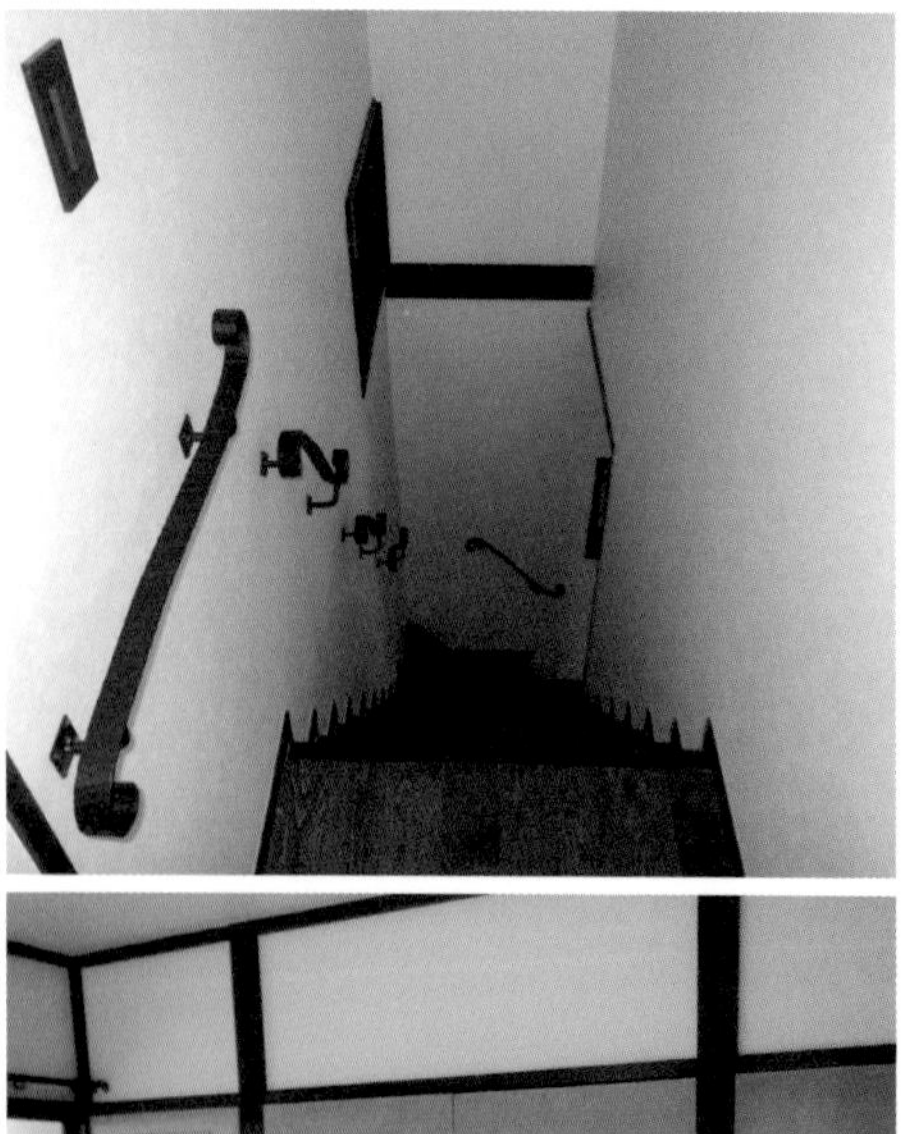

はげた塗装を青く変更
格子もシックな感じに

## 物件DATA

- 荒川区東日暮里3丁目
- 築 築年不詳
- 間 3DK+2ロフト
- 土 59.23㎡
- 建 62.78㎡

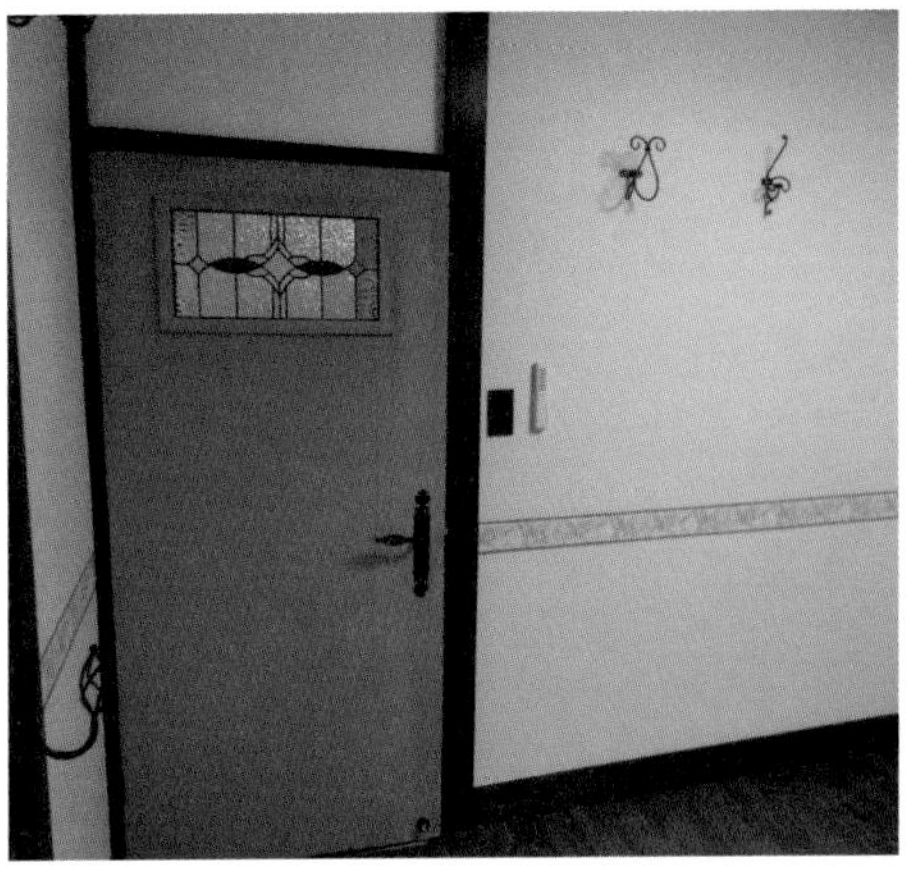

いつ建てられたのか不明ですが、長い年月が経っていることを感じさせた外壁や内装が、元の状態を大幅に残して綺麗に整えられました。廊下の間接照明や階段の手すりなど、細かい部分にもこだわりが感じられます。

再建築不可物件豆知識⑤

### エイジング塗装とは

エイジング塗装とは、アミューズメントパークなどでよく用いられる、経年による古さを際立たせる塗装方法。サビやコゲ、剥がれなどを意図的に再現し、味のある雰囲気を出すことができます。手軽にアンティーク調やヴィンテージ風にできるため、家屋の内外装や自動車・バイクなどにも使用されます。

016/046

葛飾区青戸3丁目

# 連棟だった住居を切り離してヨーロピアン風の住居へ

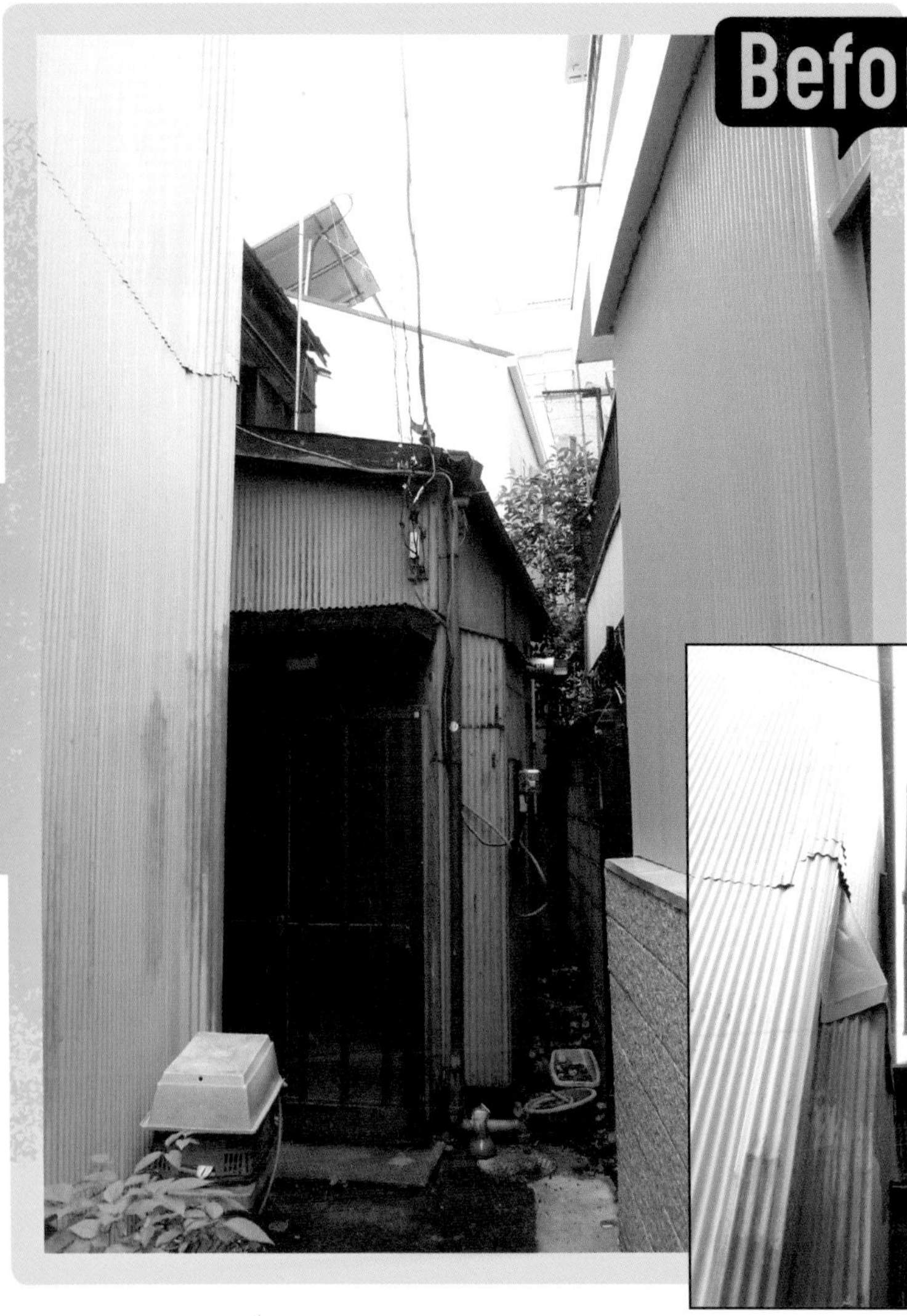

トタン張りでみすぼらしい門構え

## こだわりはいろいろと！ 施工Check Point

After

遊び心いっぱいで
まるで秘密基地

## 物件DATA

- 葛飾区青戸3丁目
- 築 1971年
- 間 3DK+ロフト
- 土 63.83㎡
- 建 50.83㎡

1F

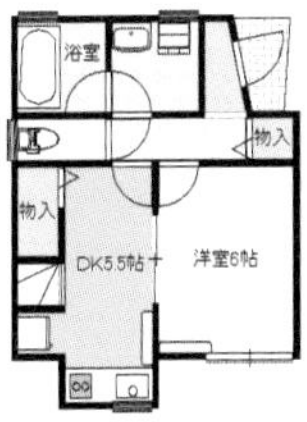


2F

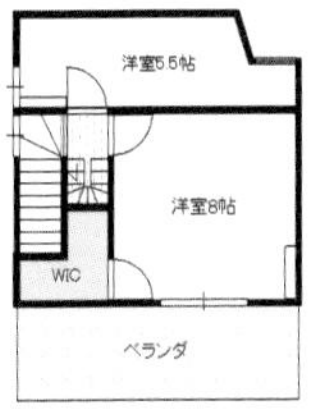


3F

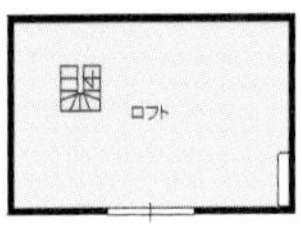

波板を貼り付けただけの外壁に、ポツンと隠れている玄関。ずいぶんとみすぼらしい佇まいでしたが、引き戸からドアに、外壁をタイルに変えただけでシンプルにデザイン性も向上。内装もグッと現代的に大幅リフォーム。

葛飾区東四つ木4丁目

# 石目調のジョリパッドを使い暮らしを楽しむ空間を演出

窮屈さを感じさせる無骨な玄関

## こだわりはいろいろと！ 施工Check Point

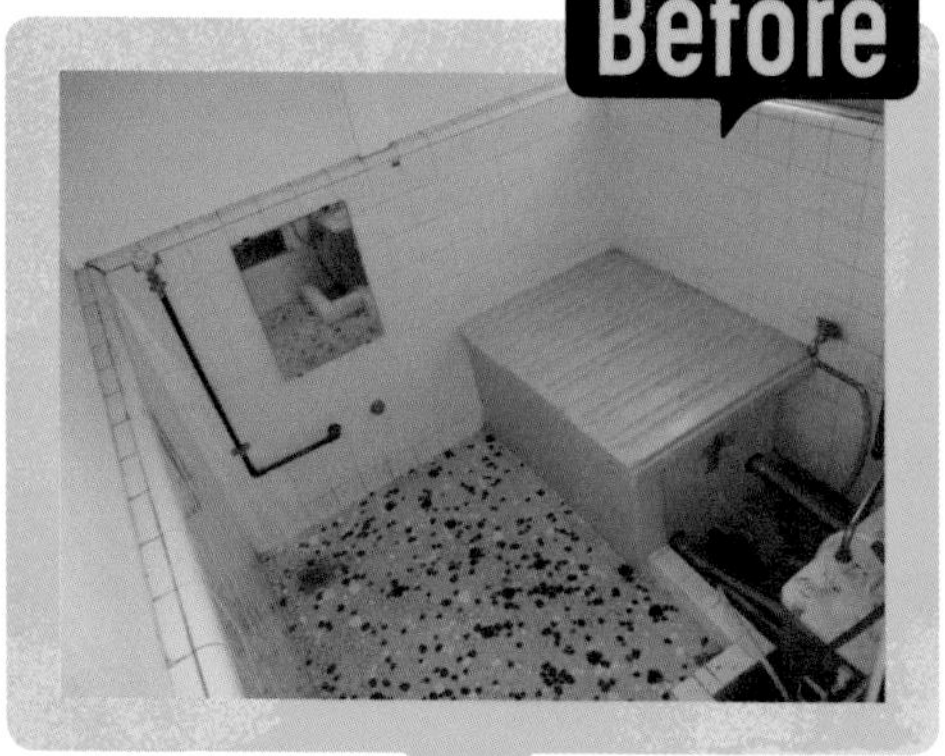


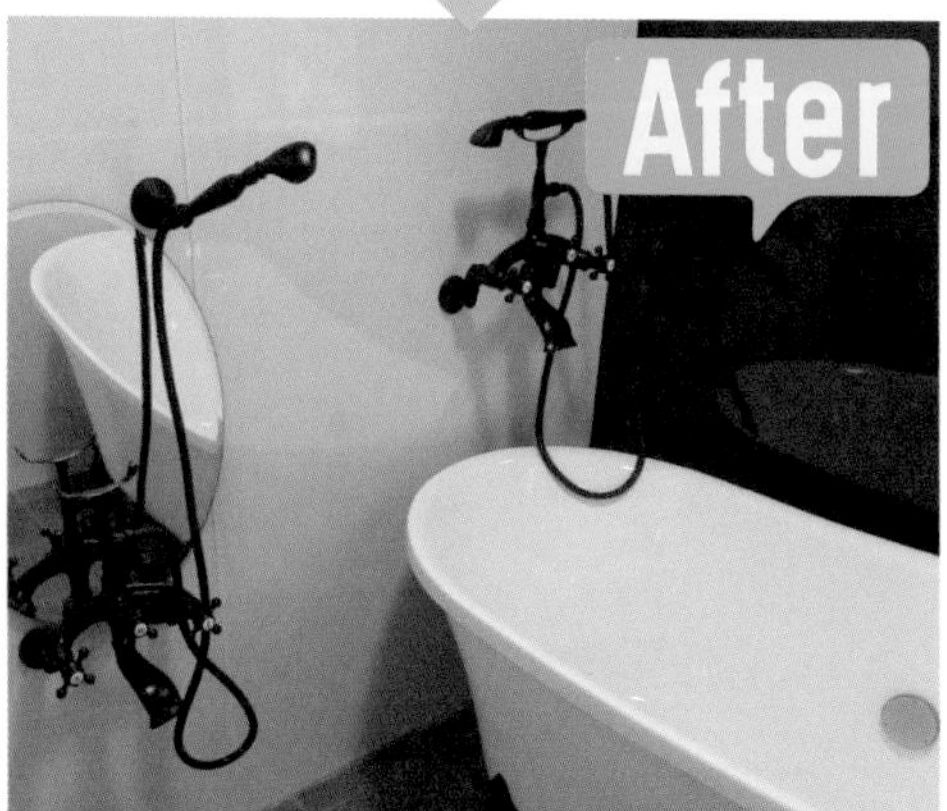

After

## 玄関前を広く感じさせるため ドアを外面スライド式へ

### 物件DATA

- 葛飾区東四つ木4丁目
- 築 1970年
- 間 3DK+2ロフト
- 土 42.43㎡
- 建 57.82㎡

1F

2F

3F

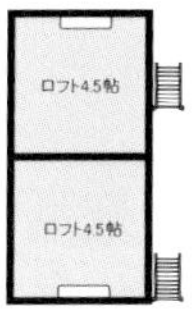

Before

After

玄関前はとても狭く、それを改善するためにドアを外側にスライドする引き戸に。限られた空間を最大限に活用するためのちょっとした工夫です。また、外装の全体的のカラーリングも青に統一。爽やかさを感じる仕上がりになりました。

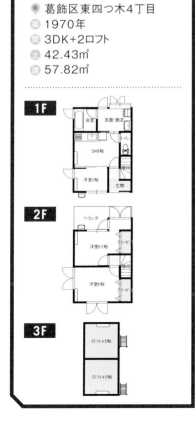

葛飾区新宿1丁目

# ベランダを広くリフォーム 陽当たり良好でBBQも楽しめる

際だった特徴のない
ごく普通の古家

## こだわりはいろいろと！ 施工Check Point

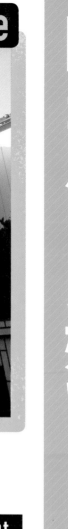

## 物件DATA

- 葛飾区新宿1丁目
- 築 1970年
- 間 3DK+2ロフト
- 土 99.39m²
- 建 72.71m²

1F

2F

3F

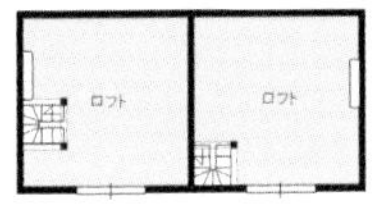

陽当たりのいいベランダをより楽しむために、小洒落た鉄柵や夜間照明も完備。洗濯だけではなくBBQやちょっとした日光浴も楽しむことが可能に。また、狭かったキッチンも改善して、調理も楽しくなること間違いなし。

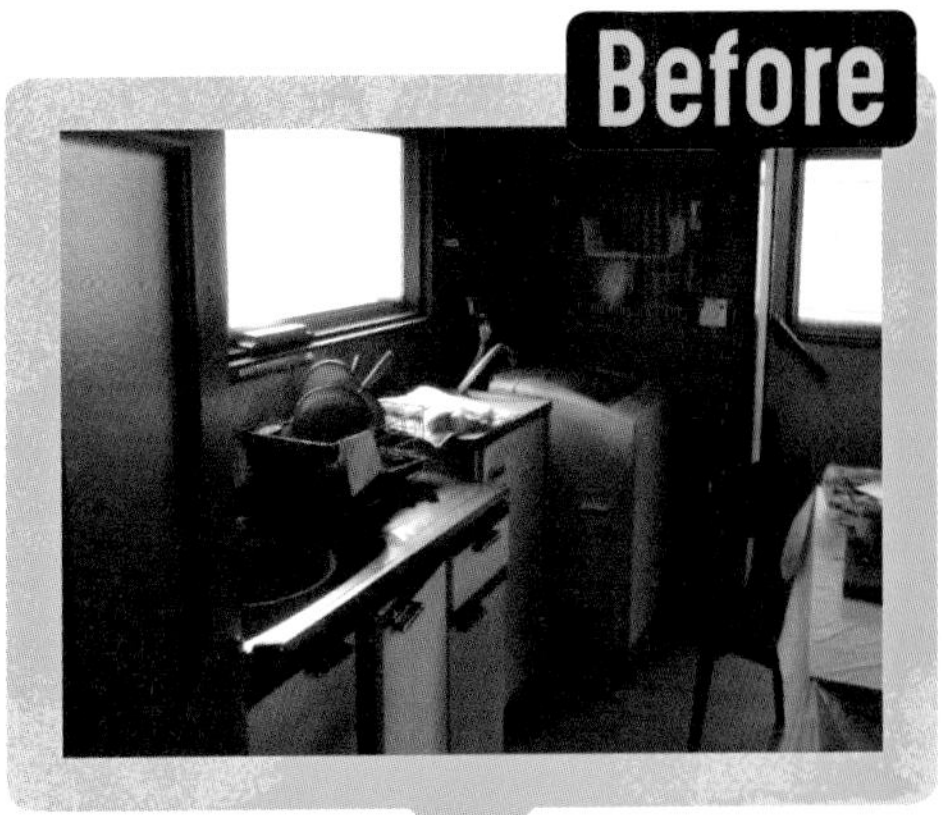

019/046

墨田区墨田4丁目

# 元の状態をほぼ残して改築
# ロフトを4部屋に増やした

これといった特徴のない
築古の木造住宅

## こだわりはいろいろと！ 施工Check Point

After

## 元の素材をできるだけ残してリフォーム!

### 物件DATA

- 墨田区墨田4丁目
- 築 1968年
- 間 5SDK+4ロフト
- 土 79.11㎡
- 建 92.80㎡

1F

2F

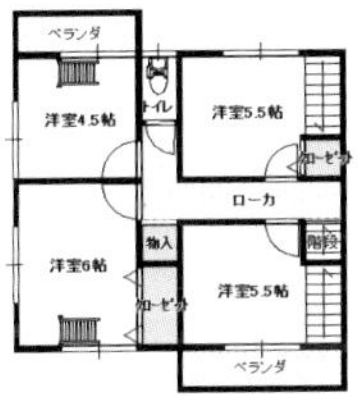


3F

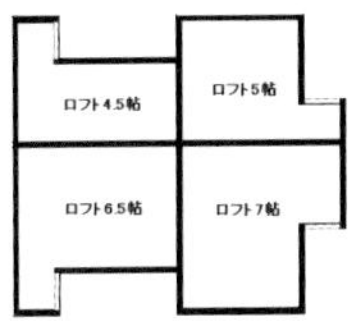

Before

After

築年数も30年以上になり、細部にわたって汚れや傷はもちろん、デザイン的な古くささが目立っていました。リフォームにあたり、元の素材を生かしながらも、風呂やリビングのように流行を取り入れたデザインに改良を施しました。

020/046

川崎市中原区下新城2丁目

# アジアのリゾートをイメージしたシンプルな内装

いたるところに目立つ
年月が刻まれた家屋の傷み

## こだわりはいろいろと！　施工Check Point

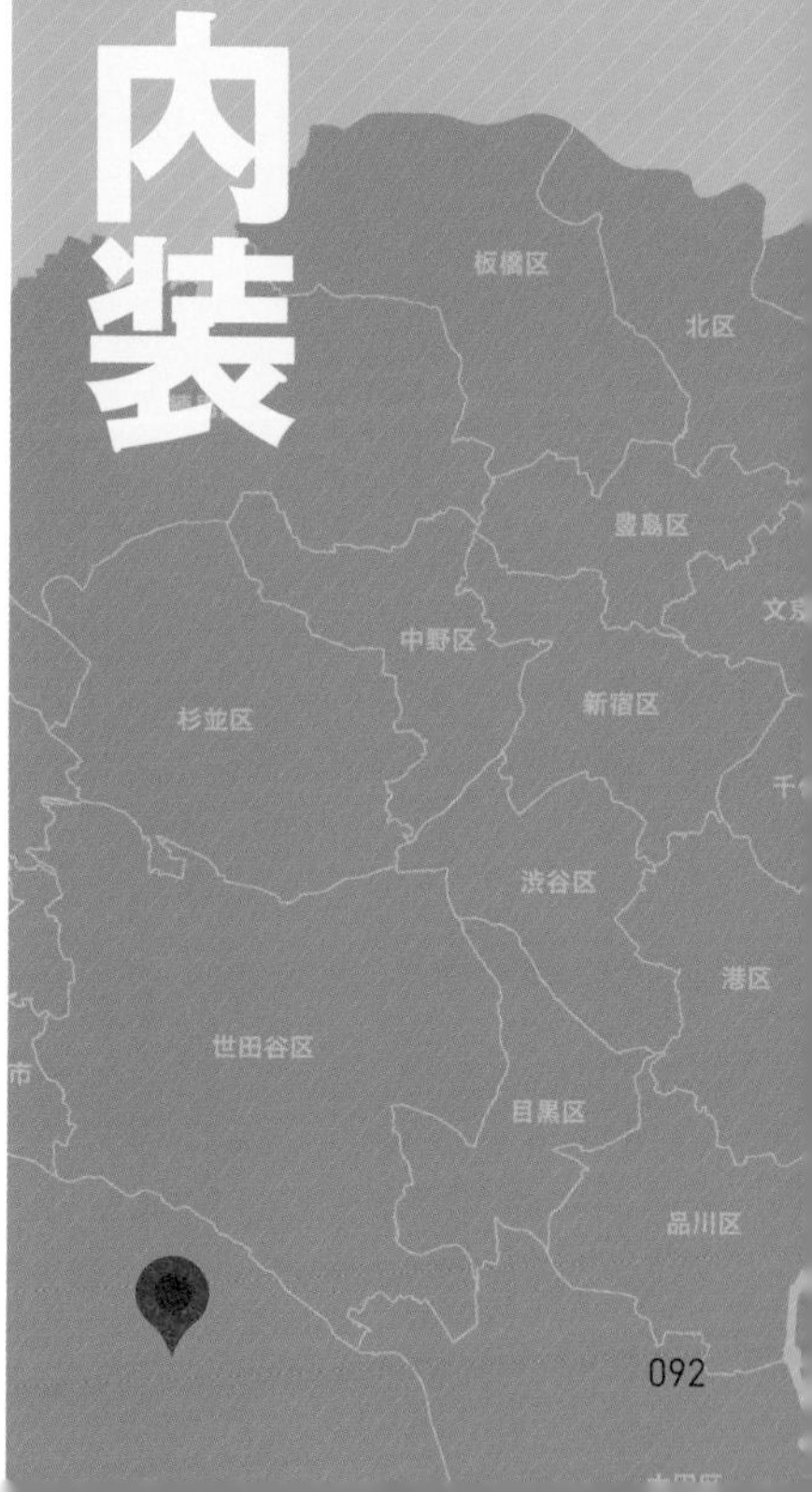

# シンプルさをいかした自由度の高い空間

## 物件DATA

- 川崎市中原区下新城2丁目
- 築 1963年
- 間 1LDK
- 土 26.44㎡
- 建 34.54㎡

1F

2F

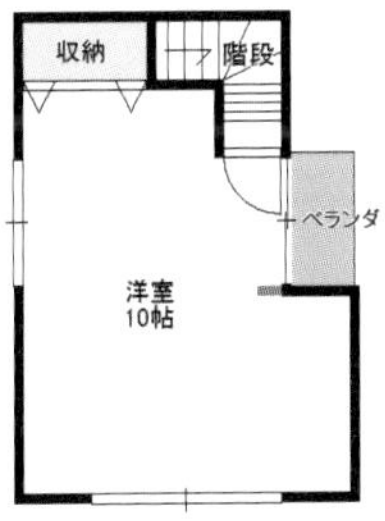

波板が張られることでみすぼらしさが強調される外装を大胆とアレンジ。白と青を基調としたシンプルながらも、おしゃれな外装に。内装もシンプルながら、自由度の高い空間が演出され、住む人に満足感を与えてくれます。

葛飾区柴又5丁目

# フルリノベーションでまったく新しい住居が誕生

Before

木材や窓ガラスの痛みが目立つ一軒家

## こだわりはいろいろと！ 施工Check Point

## 物件DATA

- 葛飾区柴又5丁目
- 築 1967年
- 間 2LDK
- 土 45.6㎡
- 建 45.4㎡

1F

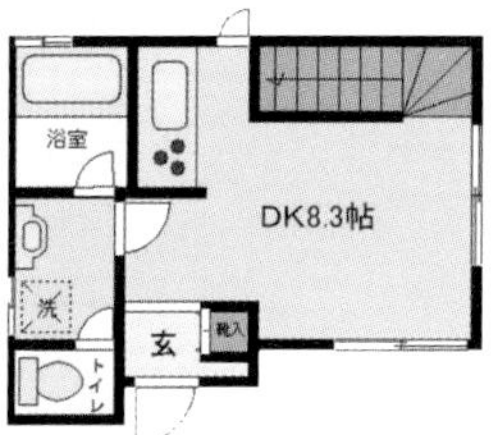


2F

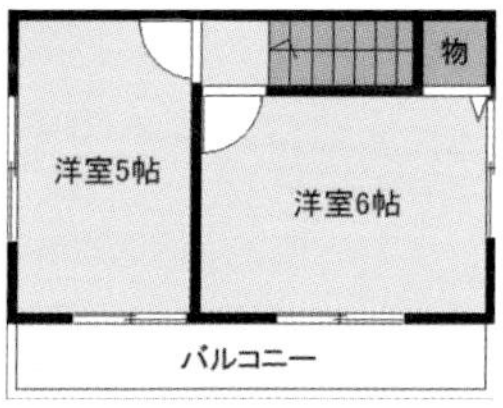

基本的な骨組みだけを残して、ほぼすべてを完全にリフォーム。もはや別宅といっていいほどに。リフォームでありながらも、もはや新築と変わりない。内装も流行を取り入れたオシャレなデザインとなっています。

葛飾区東四つ木1丁目

# 開放感あふれるウッドデッキ 露天風呂は一日の疲れを癒やす

## こだわりはいろいろと！ 施工Check Point

露天風呂付きのウッドデッキまで完備

## 物件DATA

- 葛飾区東四つ木1丁目
- 築 1961年
- 間 4DK+3ロフト+ウッドデッキ
- 土 153.42㎡
- 建 74.38㎡

1F

2F

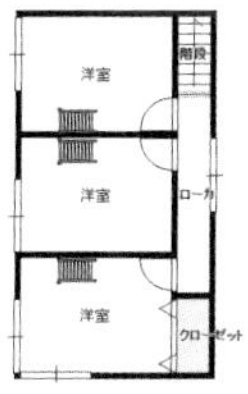


3F

外装も内装も洋館を意識したスタイリッシュなものに。中でも、特筆すべきはウッドデッキ。なんと露天風呂まで付いていて、休日はBBQなども楽しめる。ちなみに、風呂は自宅内にもあるので雨の日も安心。

023/046 葛飾区立石8丁目

# 元の状態を殆ど残してリフォーム 歴史のあるアメリカ風の戸建て

## こだわりはいろいろと！ 施工Check Point

## 物件DATA

- 葛飾区立石8丁目
- 築 1965年
- 間 2K+2ロフト
- 土 47.2㎡
- 建 40.38㎡

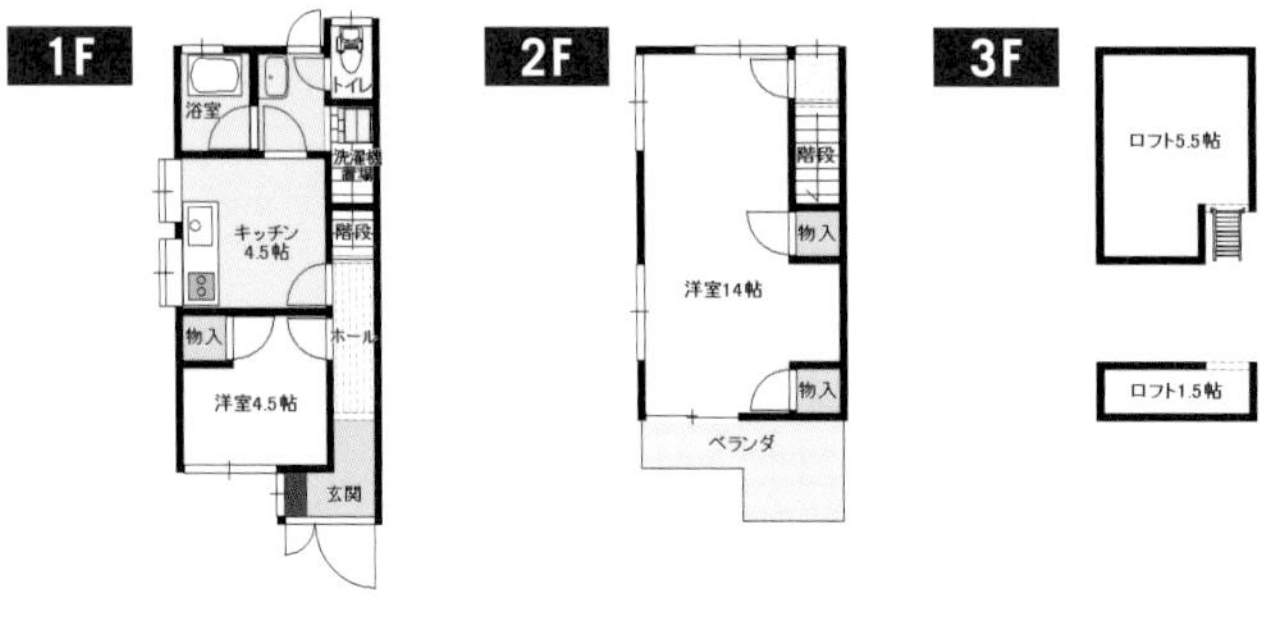


アメリカのホームドラマをイメージしてのリフォーム。大幅な改装を施しながらも、実際は元の素材を存分に生かしているのもポイントが高い。

024/046 葛飾区青戸4丁目

# 床下に炭を敷き詰めることで清浄な空気を取り込む健康住宅に

## こだわりはいろいろと！ 施工Check Point

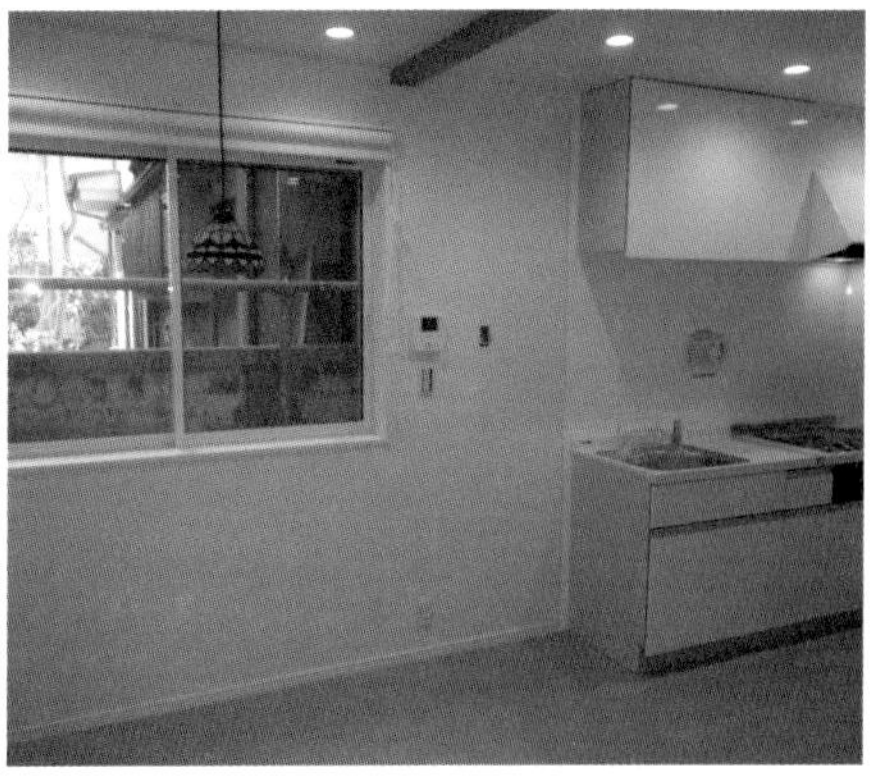

### 物件DATA

- 葛飾区青戸4丁目
- 築 1967年
- 間 2DK+ロフト
- 土 52.36㎡
- 建 61.53㎡

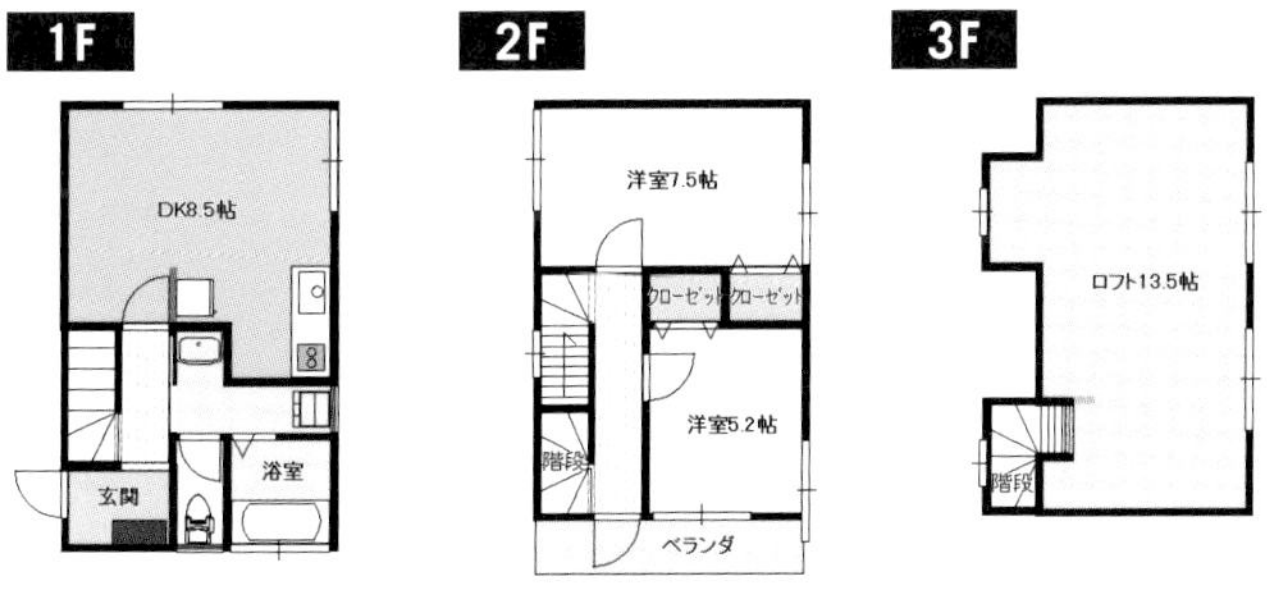


床下に炭を敷き詰めることによって、空気の清浄化はもちろん、高い防虫効果も期待ができる。健康志向の高い人にオススメしたい。



凡例 ●:物件所在地 築:築年 間:間取り 土:土地面積 建:建物面積

025/046 江戸区江戸川6丁目

# バイク好きにオススメ こだわりのライダーズハウス

## こだわりはいろいろと！ 施工Check Point

## 物件DATA

- 江戸川区江戸川6丁目
- 築 1978年
- 間 3DK+2ロフト
- 土 45.1㎡
- 建 59.48㎡

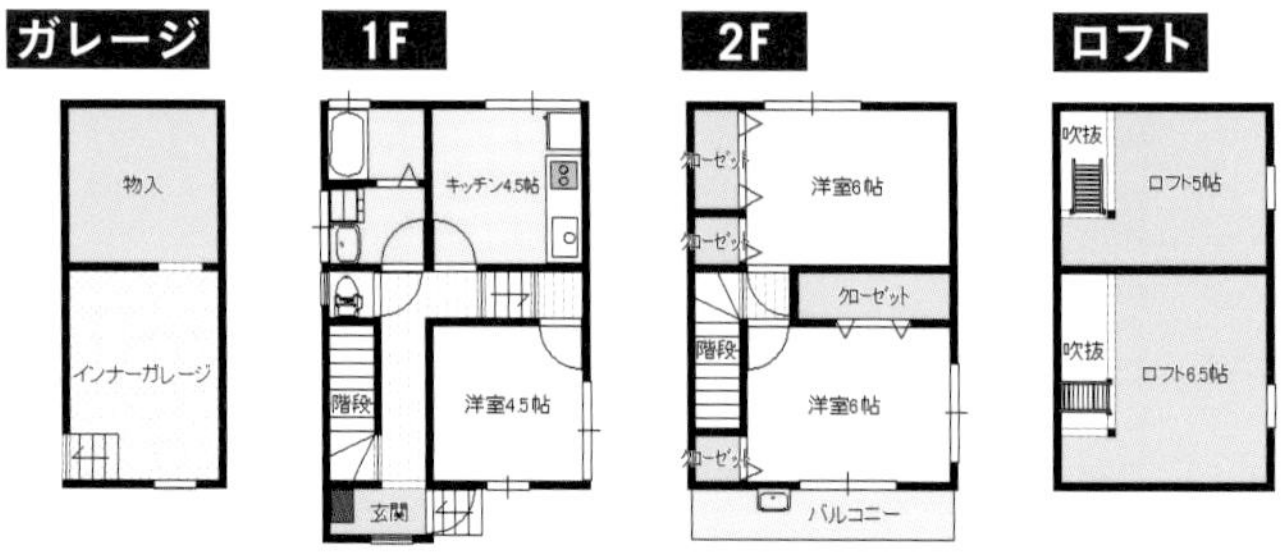


室内からバイクをチェックすることができるので、常に愛車を気にかけるバイカーにオススメ。全体的な雰囲気もシャープな感じに仕上がりました。

026/046 葛飾区白鳥3丁目

# 雪のように真っ白な外壁にグリーンの玄関ドアが映える

## こだわりはいろいろと！ 施工Check Point

## 物件DATA

- 葛飾区白鳥3丁目
- 築 1991年
- 間 3DK
- 土 41.69㎡
- 建 57.96㎡

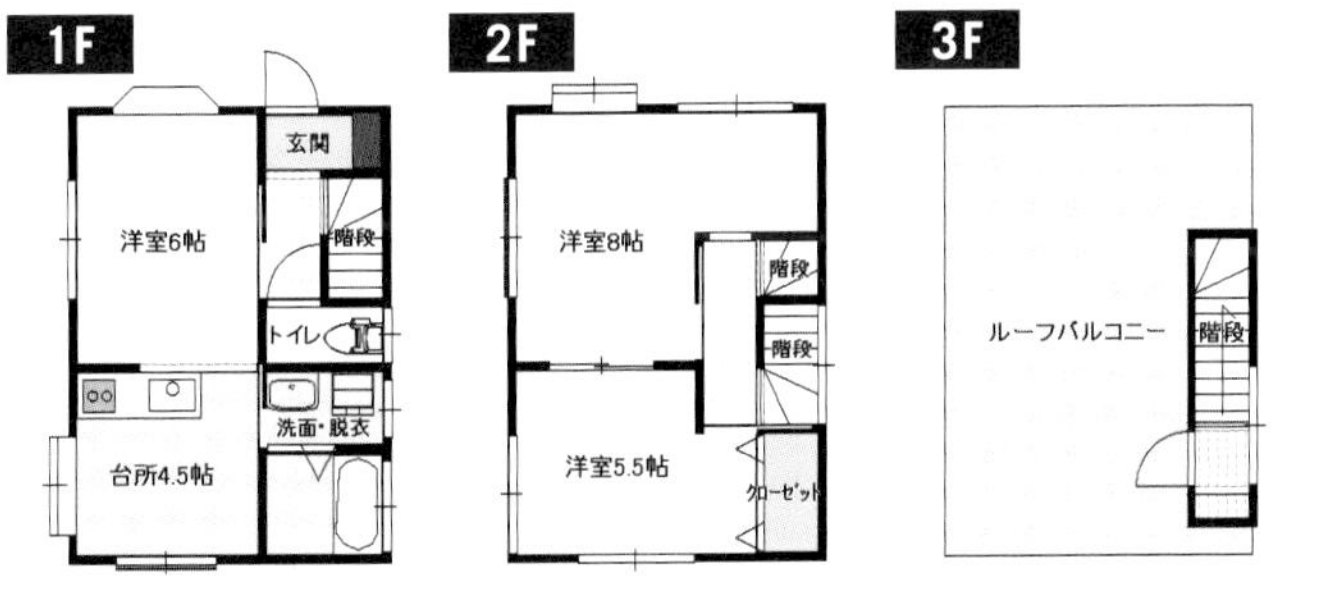


玄関のドアを経年経過が楽しめるエイジング加工に。不揃いの木目が心地いい。全体のイメージは北欧風にまとめることで、落ち着いた雰囲気を醸し出しています。

027/046 足立区東伊興2丁目

# 昭和っぽさを残しながら細かい部分をリフォーム

## こだわりはいろいろと！ 施工Check Point

## 物件DATA

- 足立区東伊興2丁目
- 築 1971年
- 間 4DK
- 土 55.94㎡
- 建 48.346㎡

1F　2F

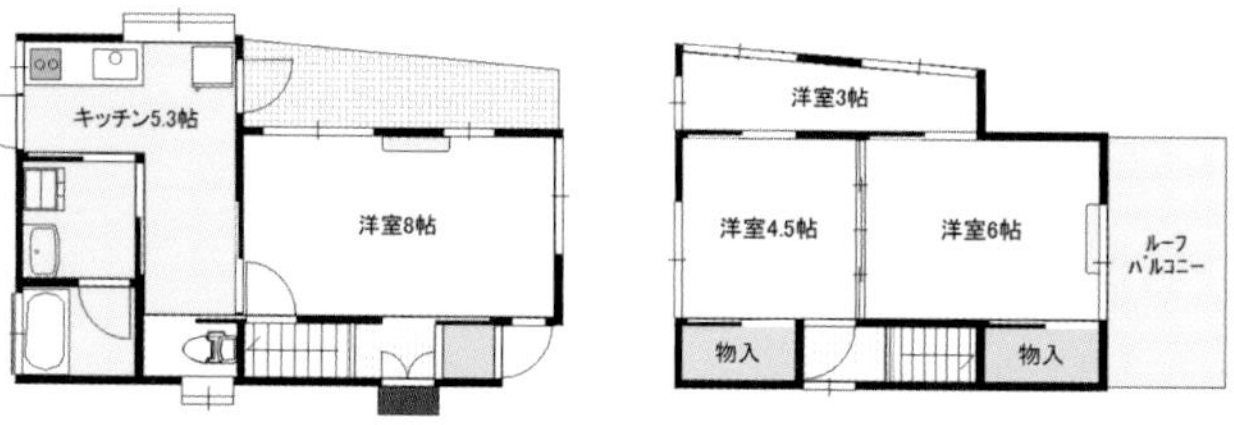


既存部分を大幅に残しつつ、細かい部分に手を入れる形でのリフォーム。縄でつるした照明や木目調のキッチンなど、遊び心が随所に組み込まれています。

028/046 江東区亀戸8丁目

# 倒壊寸前のあばらやがモダンなポルトガル風に

## こだわりはいろいろと！ 施工Check Point

### 物件DATA

- 江東区亀戸8丁目
- 築 1951年
- 間 1DK+ロフト
- 土 26.41㎡
- 建 43.32㎡

1F

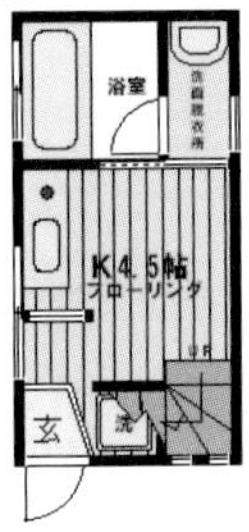


2F

3F

玄関のドアは経年経過が楽しめるエイジング加工に。不揃いの木目が見ていて気持ちいい。全体のイメージを南欧風にまとめることで、落ち着いた雰囲気になりました。

029/046 江戸川区本一色3丁目

# 開放的な空間を演出するアジアンテイストな一軒家

## こだわりはいろいろと！ 施工Check Point

## 物件DATA

- 江戸川区本一色3丁目
- 築 1973年
- 間 2DK+ロフト
- 土 44.62㎡
- 建 44.06㎡

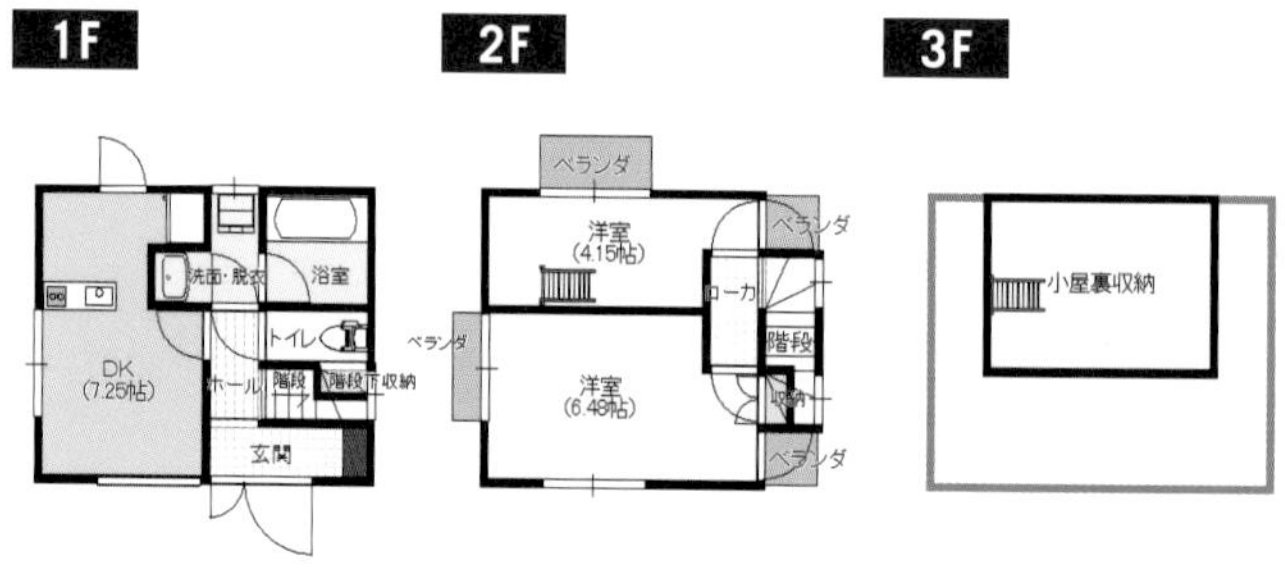


コンセプトは「アジアのリゾート」。とっちらかっていた寝室やキッチンは、元の状態を生かしながらも、機能性を向上させていて使用感もバツグン。

030/046 新宿区市ヶ谷柳町

# 元の状態を生かしながらも狭くて古い昭和感を払拭

## こだわりはいろいろと！ 施工Check Point

## 物件DATA

- 新宿区市谷柳町
- 築 1960年
- 間 2DK+ロフト
- 土 30.28㎡
- 建 43.32㎡

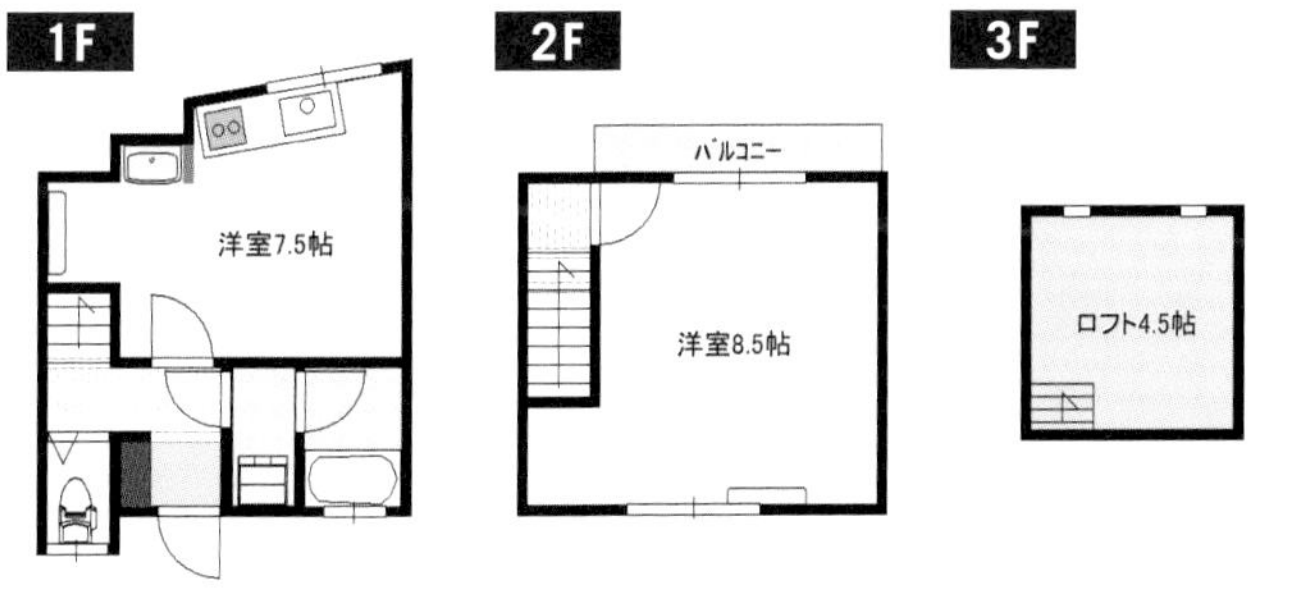


元々の状態を出来るだけ残しつつのリフォーム。狭小で過ごしにくかった各部屋も、空いた空間を上手く利用することによって、間取り以上の快適さを感じることができます。

031/046 練馬区田柄4丁目

# 露天風呂やハンモック付きのバカンスホテル風リフォーム

## こだわりはいろいろと！ 施工Check Point

### 物件DATA

- 練馬区田柄4丁目
- 築 1962年
- 間 3LDK+ロフト
- 土 93.15㎡
- 建 60.75㎡

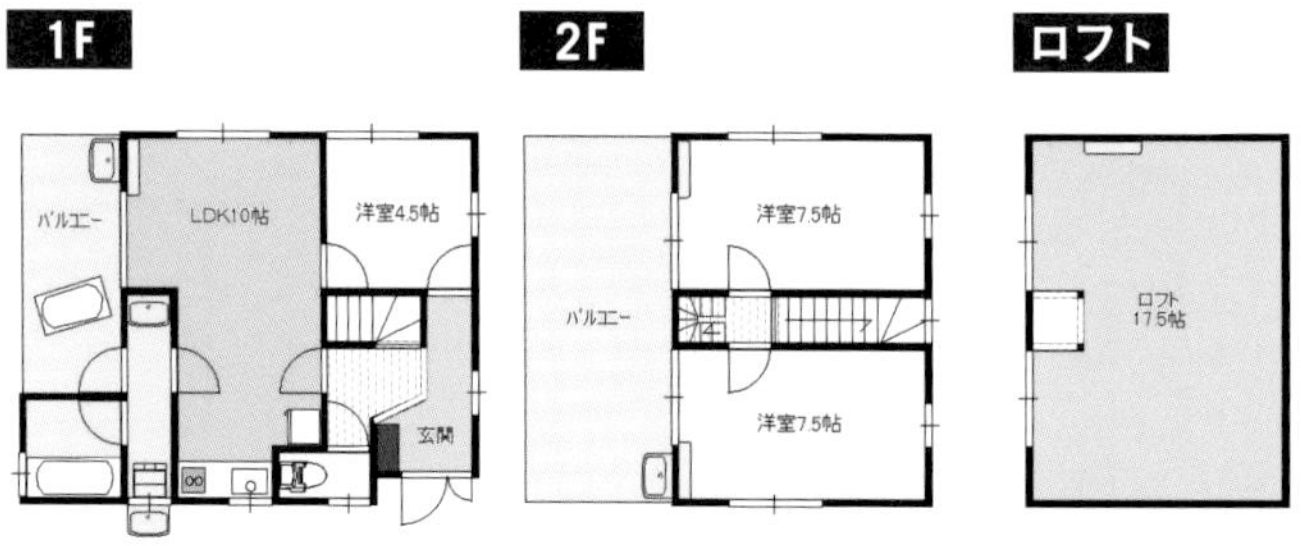


邪魔だった大木を伐採することで外観はスッキリしました。室内には、備え付けでハンモックやロフトを設けるなど、大人の遊び心を刺激する造りとなっています。

032/046 葛飾区新小岩1丁目

# 生活感の少ない寂れた古アパートがオシャレな単身者向け物件に

## こだわりはいろいろと！ 施工Check Point

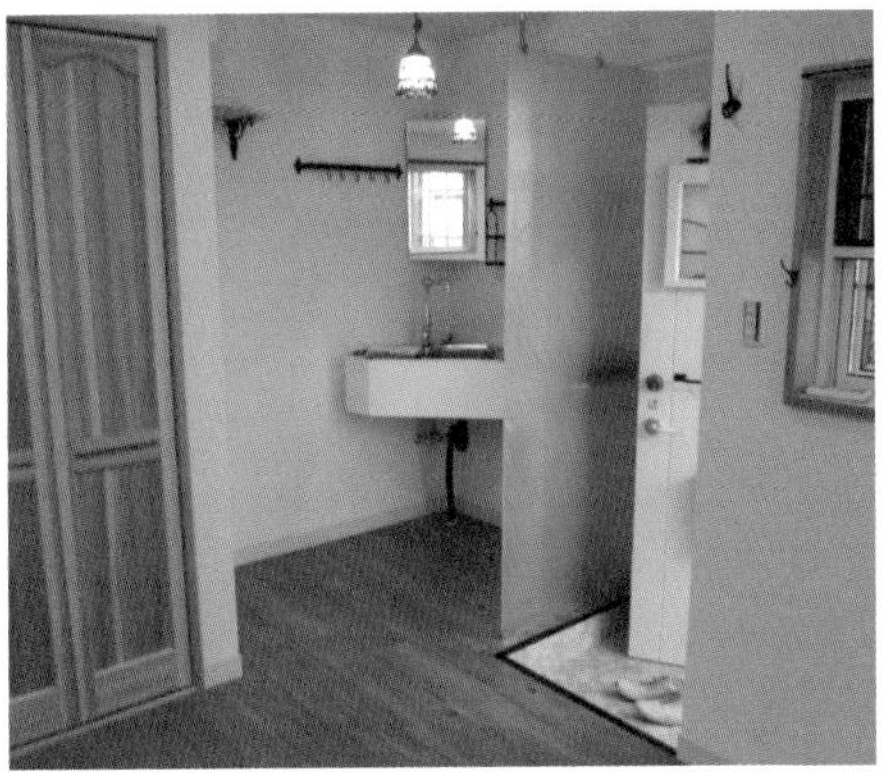

### 物件DATA

- 葛飾区新小岩1丁目
- 築 1974年
- 間 1R×4世帯
- 土 61.44㎡
- 建 81.14㎡

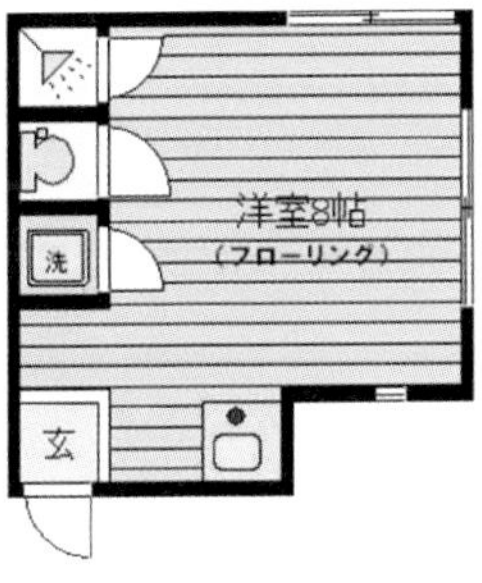


シャワー室やトイレなど、必要最低限の内装だけを残した単身者用にコンパクトにまとめました。駅から徒歩6分の立地の良さもあり、一人暮らしに快適な物件です。

033/046 横浜市鶴見区生麦4丁目

# 瀟洒な一軒家を目指して徹底的にフルリフォーム

## こだわりはいろいろと！ 施工Check Point

### 物件DATA

- 横浜市鶴見区生麦4丁目
- 築 築年不詳
- 間 3DK+2ロフト
- 土 52.31㎡
- 建 56.19㎡

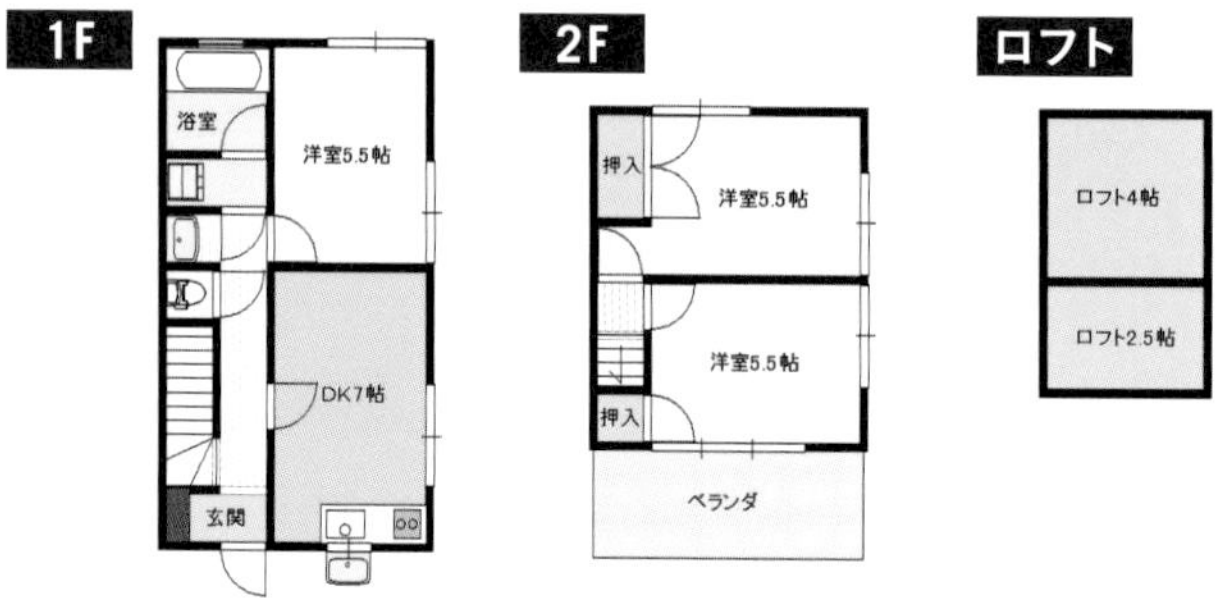


元の要素をほとんど残さないフルリフォーム。モダンカントリーのようなヴィンテージ調のコンセプトで全体を統一しています。

034/046 葛飾区立石8丁目

# 古ぼけた日本風家屋がアメリカンな佇まいに

## こだわりはいろいろと！ 施工Check Point

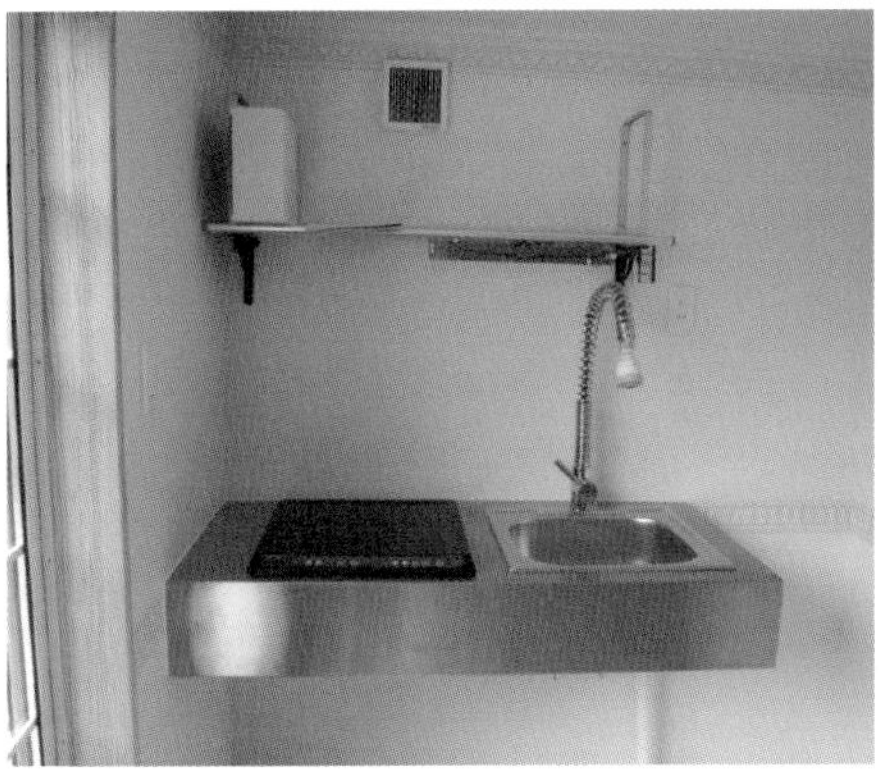

### 物件DATA

- 葛飾区立石8丁目
- 築 築年不詳
- 間 2DK
- 土 48.02㎡
- 建 39.66㎡

1F

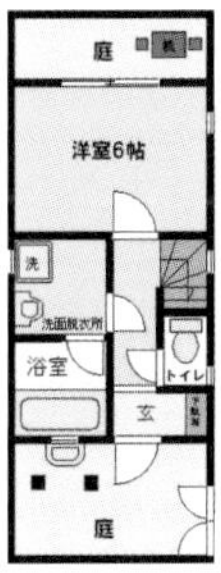


2F

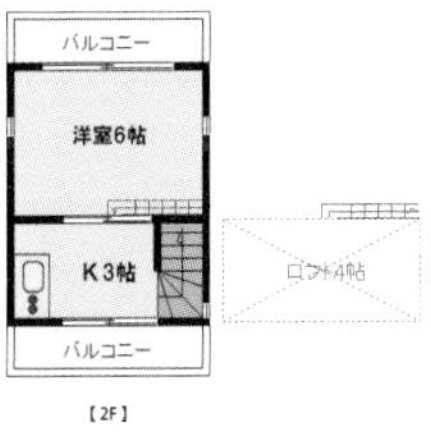


立派な正門は住宅そのものの格をあげています。元々、時代を感じさせる建物でしたが、フルリフォームを敢行したことで、新築同様の仕上がりに。

035/046

江戸川区篠崎町7丁目

# 自然とともに暮らす欧米風の古民家的リフォーム

**物件DATA**

- 江戸川区篠崎町7丁目
- 築 1965年
- 間 1DK+ロフト
- 土 43.1㎡
- 建 33.59㎡

---

036/046

墨田区墨田2丁目

# ロフトに続く2つの階段が遊び心を加える

**物件DATA**

- 墨田区墨田2丁目
- 築 1980年
- 間 2K+ロフト
- 土 38.81㎡
- 建 53.05㎡

037/046

板橋区仲宿

## アメリカのアパートを想起させるシャワーブースに注目

### 物件DATA

- 板橋区仲宿
- 築 1965年
- 間 1R×8世帯
- 土 99.97㎡
- 建 111.23㎡

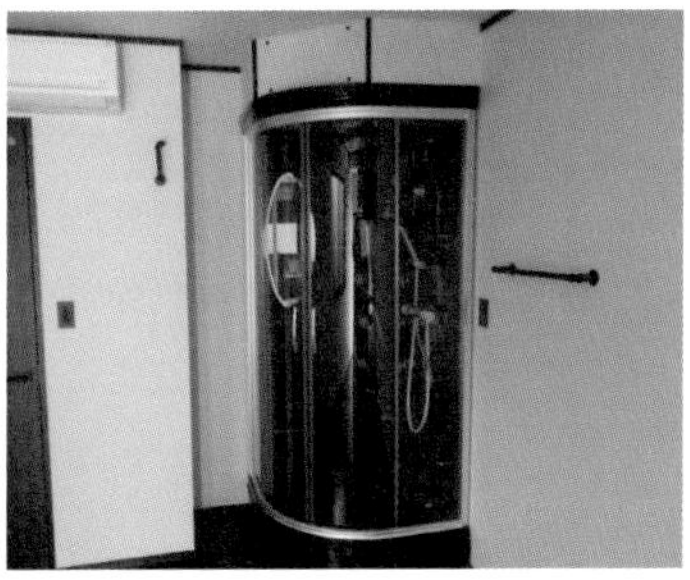

---

038/046

葛飾区宝町2丁目

## 新築同様に見えるが既存部分をほぼ残して修繕

### 物件DATA

- 葛飾区宝町2丁目
- 築 1964年
- 間 4DK
- 土 37.3㎡
- 建 76.4㎡

039/046

足立区足立2丁目

# 高い格式を感じさせる 英国ヴィクトリア調のリフォーム

## 物件DATA

- 足立区足立2丁目
- 築 1954年
- 間 2LDK
- 土 24.79㎡
- 建 24.79㎡

040/046

葛飾区新宿2丁目

# 川沿いで陽当たり良好！ 自然を感じられる家

## 物件DATA

- 葛飾区新宿2丁目
- 築 1972年
- 間 2LDK+2ロフト
- 土 60.51㎡
- 建 54.53㎡

041/046

## 葛飾区西水元3丁目

# 容積率オーバーのため 元の素材を生かしてリフォーム

### 物件DATA

- 葛飾区西水元三丁目
- 築 1968年
- 間 3DK
- 土 47.33㎡
- 建 38.91㎡

042/046

## 葛飾区東新小岩7丁目

# スペースを最大限活かして修繕 白と黒をベースにした内装が美しい

### 物件DATA

- 葛飾区東新小岩7丁目
- 築 1962年
- 間 2DK+ロフト
- 土 44.99㎡
- 建 55㎡

043/046

# 葛飾区青戸5丁目

## 大人の隠れ家的な要素を取り入れた遊び心のある家

**物件DATA**

- 葛飾区青戸5丁目
- 築 1957年
- 間 3DK+ロフト
- 土 53.34㎡
- 建 70.07㎡

---

044/046

# 練馬区田柄4丁目

## 庭には露天風呂を設置旅館をイメージしたリフォーム

**物件DATA**

- 練馬区田柄4丁目
- 築 1965年
- 間 3K+ロフト+露天風呂
- 土 56.31㎡
- 建 37.72㎡

045/046

## 杉並区高井戸東1丁目

# 情熱の国スペインを思わせる魅惑的な内外装に

**物件DATA**

杉並区高井戸東1丁目
築 1960年
間 3LDK+2ロフト
土 66.31㎡
建 66.31㎡

046/046

## 葛飾区立石6丁目

# 崩壊寸前の長屋を古民家旅館風に大胆リフォーム

**物件DATA**

葛飾区立石6丁目
築 築年不詳
間 3DK
土 26.44㎡
建 38.04㎡

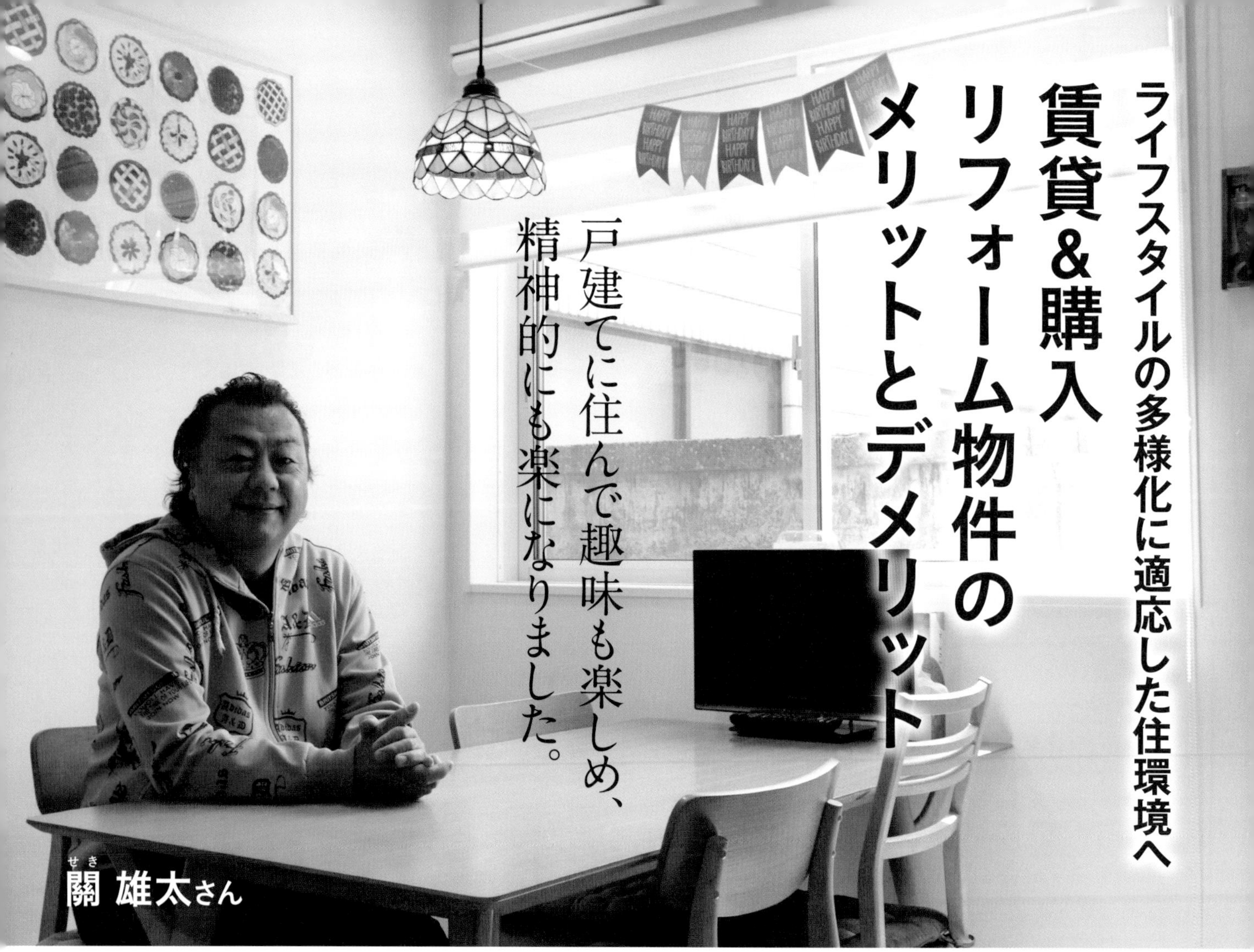

ライフスタイルの多様化に適応した住環境へ

# 賃貸&購入 リフォーム物件の メリットとデメリット

## 戸建てに住んで趣味も楽しめ、精神的にも楽になりました。

關《せき》 雄太さん

インタビュー①

住む

### メリットの多い 戸建て賃貸住まい

フルリフォームを行ったとはいえ、再建築不可物件に住むとなるとデメリットも多いのでは――。

そう心配される読者の方々もなかにはいらっしゃることでしょう。再建築不可物件をリフォームして賃貸物件として貸し出したいと考えている方々のなかにも、賃借人が見つかるかどうか不安な方も多いはずです。

「住む」、「貸す」のいずれの選択肢を検討するにせよ、前もって聞いた住んでいる方々の意見は、とても貴重な情報となるはずです。そこで今回、住人の方々に、再建築不可物件での暮らしをどう感じているのか、直接お話を伺うことにしました。

「今の家に引っ越して来たのは5年前。子供が大きくなって、以前に借りていた賃貸マンションでは少し手狭になってきました。そんなとき、フルリフォームしたての戸建て物件があると聞きました。そこで引っ越しを検討してみることにしたのです」

そう話すのは、都内にお住まいの關雄太さん（45歳）。奥さんとふたりの子供の4人家族で、賃貸でこの2階建て2LDK＋ロフトの戸建て住宅に住んでいます。もともと、再建築不可だったボロボロの空き家を、所有者がフルリフォームし貸し出している物件。新しくなった物件には、屋根裏にロフトスペースが備え付けられており、關さん宅では子供の遊び部屋として活用しています。

「借りている物件は、最寄り駅から徒歩7分ほど。通勤や買い物、また子供たちの登下校にとても便利です。逆に駅から近すぎると教育上よくないことも多いと思いますし、ちょうどいい立地です。これまで住んでいた物件と比べて、暮らし向きに不便さを感じることは特にありません。賃料はエリアの相場とほぼ同じですが、良い条件の戸建て賃貸物件はなかなかみつからないですからね。総合的な条件としては悪くないかなと思っています」

マンション暮らしだった際には、生活音や騒音など「周囲にとても気を使っていた」と闞さん。新しい物件に引っ越してきてからは、周りをまったく気にすることなく「精神的にも楽になった」と言います。また、かねてからの趣味だった「海水魚飼育も心置きなくできるようになった」とうれしそうに話してくれました。

「唯一気になっていたのは、日当たりですかね。引っ越して来て間もなくは、借りた物件と同じ大きさの空き家が敷地の横に建っていて、あまり日光が入ってきませんでした。そこが取り壊しになってからは、日当たりも良くなりました」（闞さん）

ほとんどの場合、再建築不可物件は周囲の物件と距離が近いため、日当たりが相対的に悪くなりがちというデメリットがあります。とはいえ、長く住むことで周囲の物件の状況が変化することもあるようで、闞さん宅のように解消するケースもあるそうです。

家族4人で暮らす闞さん。交通の便も環境もよく、気に入っていると言います

## 趣味を活かした居住空間に住まう

次に話を聞かせてくれたのは、足立区在住のMさん（男性40代）です。Mさんは所有していた再建築不可物件をフルリフォームし家族5人で暮らしています。

「新築を建てるよりリフォーム費用は割高になると聞いていましたが、住み慣れた場所から離れたくないという思いのほうが強くて決心しました。正直、リフォーム前はいろいろと不安もありましたよ。ただ実際に暮らし始めてからは、心配事もなくなりました。選択肢としては間違ってなかったと思っています」

Mさんのお宅には、広いバルコニーがあります。以前はボロボロでスペースとして使えたものではなかったそうですが、リフォームをきっかけに大幅に修繕。アウトドア好きのMさんは、週末に家族や仲間たちとBBQを楽しむなど、リラックスできる憩いの場として活用していると言います。

「家庭菜園や盆栽など趣味がある人たちにとっても、リフォームして住むという選択肢はありだと思います。一回キレイにリフォームすると愛着が湧くもので、最近では家のあちこちをDIYするのが趣味になりました」

その他にも、フルリフォームした再建築不可物件に住む方々からはこんな声がありました。

「夫婦ふたり暮らしですが、家で仕事の作業をすることが多く、猫も2匹飼っていたので、マンションというよりも、戸建てが欲しいと思っていました。夫も私もDIYが趣味だったこともあり、再建築不可物件を買ってフルリフォームして住むことに決めました。できるだけ自分たちの趣味に合わせて直したので、生活はとても快適ですよ。夫とは、仕事が落ち着く歳になったら誰かに貸して、他の場所で住んでみるのも良いかなと話しています」（葛飾区在住、女性30代、購入・リフォーム）

「物件の賃貸を決めた理由は、趣味のバイクを置けるスペースがあったから。再建築不可物件ということは気にも留めませんでしたし、今でもそれほど気にしていません。生活自体も、他の物件と何も遜色はないです」（足立区在住、男性20代、賃貸）

住人の方々の話を総合するに、生活面では他の物件とあまり変わらないというのが共通した意見のようです。また「ライフスタイルを充足させてくれる物件だから住んでいる」という意見も多く、QOL（生活の質）が向上した印象を受けました。

都市部における家族の形、また人々のライフスタイルが多様化するなか、リフォームした再建築不可物件には他にもさまざまな活用方法が考えられそうです。

子供たちの遊び場になっているロフトスペース。秘密基地のようで楽しそうです

古いものを大切に使って、喜んでくれることが最大の価値です
長埜さん
加藤さん

古い家を再生し次世代につなぐリフォーム職人

# 知恵とノウハウが詰まった再建築不可物件リフォームの現場

インタビュー②

# 作る

## 古い車をレストアするようなもの

再建築不可物件を購入して「住む」「貸す」といった活用を目指すためには、大規模なリフォームが必須となります。

ただし、安価で市場に流通している再建築不可物件のほとんどは、築年数がとても古く、かなり傷んだ状態であることが一般的。リフォーム作業を行うにも、こうした物件固有の難しさがいくつもあるとされています。そこで、再建築不可物件のリフォーム現場を支える職人さんに取材を敢行。一般の物件との違いについて教えていただきました。取材に答えてくれたのは、インクコーポレーションの大工・長埜さんと加藤さんです。

「再建築不可物件のフルリフォームについては、ボロボロの古い車をレストアする作業をイメージしてもらえるとわかりやすいかもしれません。使えない部品を抜き取って、重要なパーツは残したまま整備していく。そして錆びた外装をキレイにして、新品と同じように作り込んでいくのです」

新築物件の場合、何もない更地の上に部材を組み立てていきます。長埜さんの言葉を借りれば、〝新車を製造〟するようなものでしょう。

しかし、再建築不可物件の場合はそうシンプルにはいきません。すでにある家に細心の注意を払いながら、必要なものは補強しつつ、必要のないものを解体・撤去していかなければなりません。「壊しながら作る作業」が、他の物件に比べて手間がかかるのです。

「現場が狭いという条件も作業をより複雑なものにします。解体作業も一般の物件のように一筋縄ではいきません。新築だと全部壊してゼロからスタートしますが、再建築不可物件は必要ないものだけ解体して新たに作り込んでいかなければなりません。そこが大きな違いでしょうか」

家を解体した後も一苦労です。一般の物件のように、敷地内まで自由に車両を乗り入れることができず、廃棄物

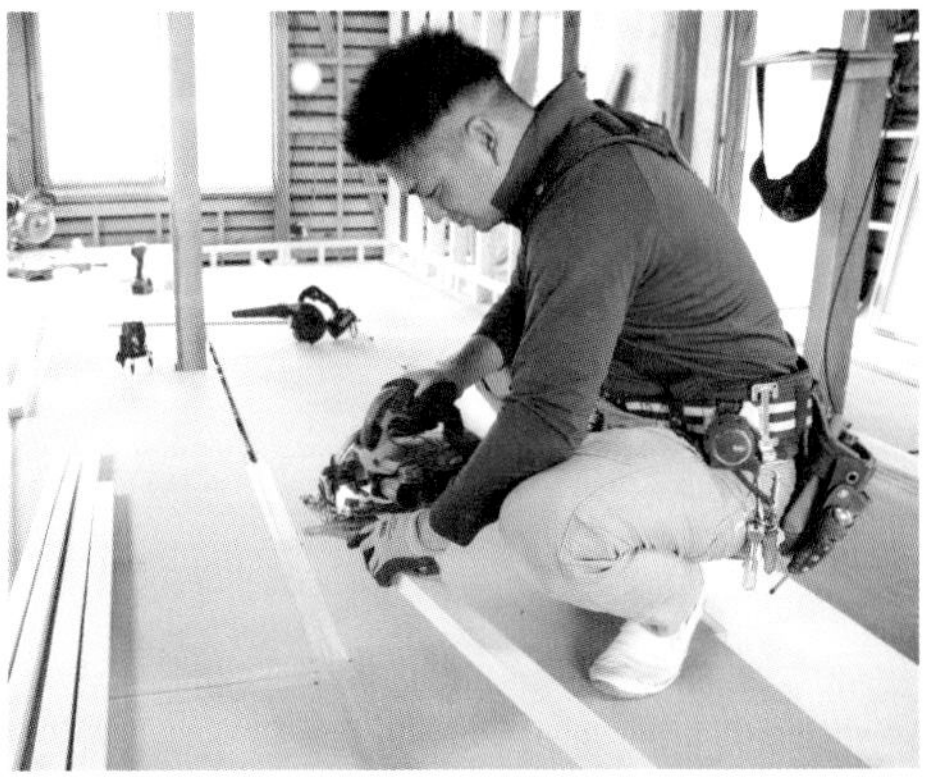

新築物件とは異なり、職人さんのアイディアとスキルが存分に活かせると言います

の搬出、また部材の搬入を手作業や人力で行うケースも少なくないといいます。コンクリートを流し込む作業も、通常なら横付けしたタンクローリーからホースで注入しますが、路地の奥に物件がある場合、手押し式の運搬台車で何往復もして運ばなければいけません。

さて、「壊しながら作る」ことの難しさを物語る代表的なエピソードがあります。家屋にとって重要な、基礎部分の工事に関するものです。新築の場合は基礎部分をまず作り、その上に土台を整備していきます。しかし、再建築不可物件の場合は逆になります。土台や家全体がすでにある状況で、基礎部分をうまく補強していかなければなりません。

「大掛かりなリフォームになると、家をジャッキなどで持ち上げて基礎を作り直すこともあります。築年数が古い建造物は、地盤沈下したときのように基礎部分が沈み、曲がったり、歪んだりしてしまいますからね。そうしたところをうまく調整しながら平らにし直していくのが、再建築不可物件の基礎工事となります」

## 新築物件に比べて 3～4倍の手間

再建築不可物件のリフォームの難しさは他にもあります。それは、「壊してみないとわからない」というものです。外からみると問題なさそうでも、壁やクロスをはがすと裏側にある木が腐っていたというようなことも頻繁にあるそうです。購入やリフォーム依頼時点ではなかなか見分けがつかず、こちらも「壊しながら作る」ことが大前提となります。

「築年数が古い建物は昔の建築方法で作られています。そのため大規模なリフォームをするとなると耐震補強も一苦労です。阪神淡路大震災以降、耐震基準は厳しくなりましたが、それ以前に建てられた建物が大半ですからね。新築だと最初から耐震基準に適合した家を作れば事足りるのですが、再建築不可物件は昔の家の構造を加味しながら補強していく必要があります」

長埜さんは、これまでいくつもの再建築不可物件をリフォームしてきましたが、なかには廃墟のような凄まじい物件にあたったこともあると話します。

「この前、手掛けた物件は屋根に穴が開いていて空が見える状態でした（笑）。似たような物件はたくさんあって、『あと10年ほっとけば間違いなく壊れるだろうな』とか、『台風や地震がきたら致命的だな』と思うこともあります」

そう聞くと、再建築不可物件のリフォームは、普通の新築物件を建てるより何倍も手間がかかりそうです。実際、職人さんの体感としても、3～4倍は労力がかかると言います。それでも、新築物件にないやりがい・作りがいがあると言います。

「職人としては、部材やユニットが用意され、ただ組み立てればいい新築物件よりも、再建築不可物件のリフォームのほうがやりがいはあります。労力や手間はかかりますが、その分、自分たちのアイデアや技術をしっかりと反映できます。それに、ボロボロの空き家が新しくなると、所有者の方はもちろん、近隣の方々も喜んでくれることが多い。古いものを大切に使う、またそれを喜んでくれる人が多いというのは、再建築不可物件をリフォームするひとつの価値になるのではないでしょうか」

新築物件よりも手間がかかるということは、リフォームしたい人にとって費用的負担が多くかかることを意味します。「なぜその再建築不可物件をリフォームするのか」という根拠は、それぞれの価値観に沿って慎重に判断していくことが重要になりそうです。

壁の中を開けてみると、こんなボロボロの状態になっていることも

主要構造部の一部を残しながら、新たな木材で補強していきます

相続に絡んで物件を処理したいという問い合わせが増えています

専門業者の知られざる業界の特殊事情

# 一般物件と再建築不可物件の売買・流通の違い

不動産ランド
馬場智也さん

インタビュー③

流通

## 戸建ての賃貸物件は市場の5%しかない!?

賃貸物件市場において、再建築不可物件はどのように売買・流通しているのでしょうか。

買い付けから売買仲介、客付け（賃借人探し）まで、再建築不可物件に関する幅広い業務を展開している不動産事業者・不動産ランドの馬場智也さんに業界事情をお伺いしました。

「全体的な動向として、再建築不可物件に関わる案件はここ数年で増加傾向にあります。なにより、物件を売りたい所有者が増えています。高齢化が進むなか、特に相続絡みで物件を処理したい方々が多いと感じます。他にも、誰も住んでいない空き家を処分したいという話から始まり、調べてみると再建築不可物件に該当しているというケースが多いように思います」

不動産ランドは、再建築不可物件を売却・処分したいという所有者からの依頼を受け、フルリフォーム及び不動産運用を行っている事業者に売買の仲介を行っています。パートナーシップを結んでいるのは、戸建ての再建築不可物件を専門に扱うインクコーポレーションです。同社がフルリフォームを終えると、次は不動産ランドが賃借人を募集するという流れになります。

「フルリフォームをした戸建ての再建築不可物件を借りる賃借人の多くが、これまで戸建てに住んだことがない方々です。今までマンション暮らししかしたことがなく、戸建てに対して高い関心があったと話してくれます。戸建ての賃貸住宅に対する潜在需要は常にあるのですが、そもそも市場に出回っておらず絶対数が限られています。肌感覚ですが、賃貸市場全体でみると5%にも満たないのではないでしょうか。戸建て物件の所有者は自分たちで住むので賃貸市場にはほとんど出しませんし、仮に物件があったとしても状態が古い場合がほとんどなのです」

馬場さんは「キレイにフルリフォームされた戸建ての賃貸物件は、東京都心においてはとても貴重だ」と言います。実際、不動産賃貸のポータルサイトを検索してみると、戸建ての募集物件は圧倒的に少ないことがわかります。

前述したとおり、不動産ランドが仲介している戸建ての再建築不可物件はすべてインクコーポレーションがフルリフォームしたもので、「賃借人の反応もとても良い」と馬場さんは言います。

「弊社では、賃貸仲介の際に内見などでお客様とご一緒しますが、若い人を中心にウケがよいと感じます。そもそも一戸建てに住みたいと思っている方々ですし、インクコーポレーションが物件をデザイナーズ風にリノベーションしているのもひとつの理由だと思います。借りられる方々の年齢帯は20代~40代が中心。案内の際に『再建築不可物件をリノベーションしている』とご案内差し上げていますが、特段そのことを気にされる方々はいません」

## 適正な売却のカギは「エコシステム」

「再建築不可物件を売りたい」と考えている方々に、何か有用なアドバイスはないでしょうか――。ノウハウを良く知る馬場さんに、そんな質問もぶつけてみました。馬場さんは、「率直に物件の状態や相続者の状況など複数の要因が絡むので一概には言えない」と断った上で、「物件をうまく活用している業者と付き合いのある、専門性の高い不動産業者に相談するのが大切です」と、業界事情を説明してくれました。

「所有者がただ処分するとなると、安値でしか売れないどころか、時に処分に費用がかかってしまうことがあります。また自分たちでフルリフォームして貸し出すにしても、ノウハウがないとなかなか難しく、ローンも通りにくい。ハードルは決して低くありません。一方で、すでに再建築不可物件をフルリフォームして運用している事業者と組んでいる不動産屋は、有効活用の方法についても熟知しています。つまり、価値を正当に見積もってくれます。ある程度の条件であれば、売却額の相談にはできるだけ乗ってくれるでしょう」

なお、「しっかりと効果的に運用できる仕組みが裏にないと、不動産業者にとっても再建築不可物件は扱いにくい」と、あまり表に出ない業界内の裏話についても教えてくれました。一体、どういうことでしょうか。

「再建築不可物件はそれほど仕入れ額が高くありません。販売価格が100万~200万円だとすると、正規の仲介手数料は30万円にも満たないことになります。不動産仲介業者は、再建築不可物件以外の物件の売買営業も行っています。3000万円の物件も100万円の物件も、売買仲介するとなると仕事の量としては同じ。そうなると、手数料をいただける高額な物件を優先的に売っていくことになります。何かしらのインセンティブ設計がないと、再建築不可物件の売買、そしてその先にある賃貸住宅としての流通はうまくまわっていかないのです」

そこで、不動産ランドとインクコーポレーションでは、再建築不可物件の売買に関して特別なインセンティブを設計しています。インクコーポレーションが買い取ってもよいという再建築不可物件があれば、不動産ランドには正規手数料に加え、広告料という形で50万円が別途に支払われる仕組みです。このインセンティブ設計が可能なのは、インクコーポレーションが再建築不可物件の買い取り、フルリフォーム、物件運用を数多く行っており、すでにビジネスとして成立させているからです。そういった、専門的な「再建築不可物件を流通させるエコシステム」を持った事業者や不動産業者に売却の相談をすれば、売り手にとっても、もっとも有効な売却方法が最短で見つかることになります。

「再建築不可物件の流通に長らく関わっていると、賃借人だけでなく、物件の近隣の方々の声も聞く機会がおのずと多くなります。再建築不可物件は密集地が多い。そのため、空き家のまま放置されると、害虫が湧いたり、屋根が落ちてきたりして、近隣には悩みの種となります。戸建て需要を満たしながら、地域にも役立つ。そして、売り手の人たちにもなるべく満足してもらえる。これから日本社会にとって、必要な不動産ビジネスの仕組みのひとつだと思います」

今後、需要がますます高まっていきそうです。

**不動産ランド**

東京都江東区・亀戸駅を中心にJR総武線・都営新宿線・半蔵門線・東西線・都営大江戸線(江東区・墨田区・江戸川区)周辺エリアの物件を専門に取り扱う。フルリフォームした戸建て再建築不可物件の取り扱いも多数。

住所:東京都江東区亀戸1-40-7
田中ビル1F　電話:03-5858-9545
ウェブサイト: http://f-land.co.jp/

解説④
投資物件
としての
再建建築不可
物件

# 再建築不可物件の

## メリット&デメリットや利回りを徹底紹介

## 再建築不可物件を購入するメリット

### 価格が安い

火事で全焼したり、地震で倒壊した場合は建て替えられず、住宅ローンが組めないためそもそも物件の価格が安い。都内・都市部でも駅から離れているエリアは駐車場の併設が必須ですが、駐車スペースがないことも要因のひとつです。

### 固定資産税や都市計画税が安い

再建築ができないため土地の評価が低くなりますので、固定資産税も安くなります。近隣の路線価の50%以下になることも少なくありません。

### 相続対策に有効

相続時の資産評価は固定資産税の算出基準である路線価を基に計算するため、資産評価の圧縮が可能に。再建築可能な一戸建てより、再建築不可の一戸建てのほうが評価が下がります。

### 償却資産及び利回り物件としての活用が可能(10年以上先)

不動産投資以外の本業（法人・個人事業主）がある場合、償却資産として保有することが可能です。建物取得費とリフォーム費は償却が可能なため、約10年後には残った土地価格に対して利回りが100%を超えることも珍しくありません

### 隣地の購入で再建築可能な土地に

再建築不可の隣地が将来、売りに出たときに購入することができれば土地を一筆にすることによって接道義務の問題が解決できるケースもあります。そうなれば再建築が可能な土地になり、資産価値が大きく変わるので、売却益が期待できます。

## Check Point 1 再建築不可物件の利点とリスク要因

# 再建築不可物件を購入するデメリット

### 倒壊しても建て替えができない

万が一、地震による全倒壊や火災での全焼になれば再建築できないため、価値はなくなります。ただし半壊・半焼になる場合はリフォームが可能です。地震保険・火災保険にも加入ができるので、一定のリスクの回避は可能です。

### 増改築など建築申請が必要なリフォームはできない

再建築不可物件は、増改築もできません。法的に許されているのは、あくまで大規模の修繕と模様替えのみです。

### 物件によっては地質調査ができない

建物が土地の面積いっぱいいっぱいに建てられているケースも少なくないため、埋設物などの地質調査が困難です。また水道管などが隣の家の敷地を通っていることもあるため、修理が必要な場合は大変な作業になります。

### 住宅ローンが組めない

担保価値がないため、一部のノンバンクを除いて銀行でローンが組めない場合がほとんどです。ただし、金利は高くなりますが、共同担保という方法を使ってローンが組める金融機関もあります。

### 想定利回りを算出する際の8つの物件ポイント

以下の8項目を参考にして、「物件価格＋リフォーム金額」を算出し、近隣エリアの賃料から想定家賃と利回りを計算しましょう！

**①立地（住所）**
**②最寄り駅からの距離**
**③所有権か借地権かの特定（借地権だと評価が半分以下に）**
**④土地・建物の大きさ・階数から建物面積を算出**
**⑤容積率・建ぺい率・用途地域の確認**
**⑥道路と接道の特定（私道や通行掘削の有無）**
**⑦建物の築年数及び現況の確認（基礎、柱、屋根など）**
**⑧見た目の評価**

メリット&デメリットや利回りを徹底紹介

# 再建築不可物件の賢い投資法

Check Point 2

# 3物件6パターン投資シミュレーション

## フルリフォームで8％台の利回り

再建築不可物件をリフォームすることで、どのような投資効果を見込めるのでしょうか。

ここでは、「しっかりとリフォームするケース」（リフォーム後の耐用年数は30年を想定）、「少し手直しするケース」の2パターンを想定して、それぞれ結果をシミュレーションしてみたいと思います（具体的なシミュレーション結果は左ページの表を参照）。

なお、リフォームする対象となる物件も3パターンを想定します。

築年数50年以上、駅から徒歩15分ほどの距離、15坪でリフォームしないと住むことがそもそも難しい「物件A」。

築年数40年ほどで駅から徒歩10分圏内、15坪で古いが住めなくもない状態の「物件B」。

築年数30年もしくはこれまでに一度リフォームされており、駅から徒歩10分以内、20坪程度の「物件C」です。

まず「しっかりとリフォーム」した場合、A・B・Cいずれの物件も住居用の戸建て住宅として貸し出すことができます。物件価格やリフォーム金額にはばらつきがありますが、総投資額としては約１７００万～１８５０万円の価格帯に。家賃を12万円で設定した際には、7％後半から8％台の表面利回りを想定することができます。A・B・Cの違いとして特徴的なのは償却期間の長さです。もともとの状態がよい物件のほうが、リフォーム代が安くなるので償却期間は短くなります。

ただし、償却終了後の利回りはAが圧倒的でしょう。本業で儲けが出ている場合、償却資産としての活用が可能で、建物取得費とリフォーム費は償却が可能なため、10年以上経てば残った土地価格に対する利回りは１００％を超えることもあります。

## 少し手直しするケースの場合は？

次に少し手直しを入れるケースです。物件Aの場合は簡易的な手直しでは住居用として貸し出すことが難しいため、倉庫として貸すことを想定しました。Bは水回りのみをリフォームし貸し出すことを想定、Cは外壁やフローリングを変えただけで、こちらも賃貸用という想定です。少し手直しを入れるケースはリフォーム後の用途が異なるので、当然のごとくかかる費用や家賃、利回りにも差が出てきます。

シミュレーションの結果、償却期間は「しっかりとリフォーム」した場合よりも、それほどばらつきがなく、年数も比較的短いという結果になりました。利回りでは物件Bの投資効率が高いことが分かります。

一方で物件Aの場合、再建築不可物件×リフォームというテーマに限定した際に利回りは相対的に低くなりそうです。総投資額としてはかなり低く抑えられるというメリットはあるものの、住居用として貸し出すという前提は考えることが難しそうです。

仮に投資対象を戸建ての住宅物件として運用することを検討する際は、物件BもしくはCに該当する物件を探すことが第一条件になりそうです。

# 再建築不可物件 投資シミュレーション

**物件A**

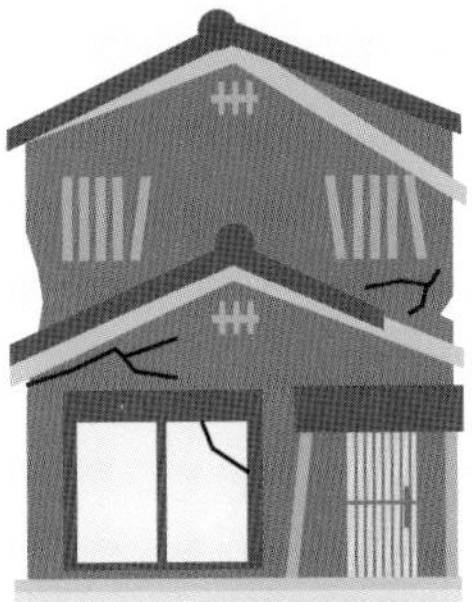

築50年以上、駅から徒歩15分、
15坪程度の狭小住宅。
リフォーム必須の木造家屋

**物件B**

築40年。駅から徒歩10分、15坪。
古い家屋だが、住もうと思えば住める
ような物件

**物件C**

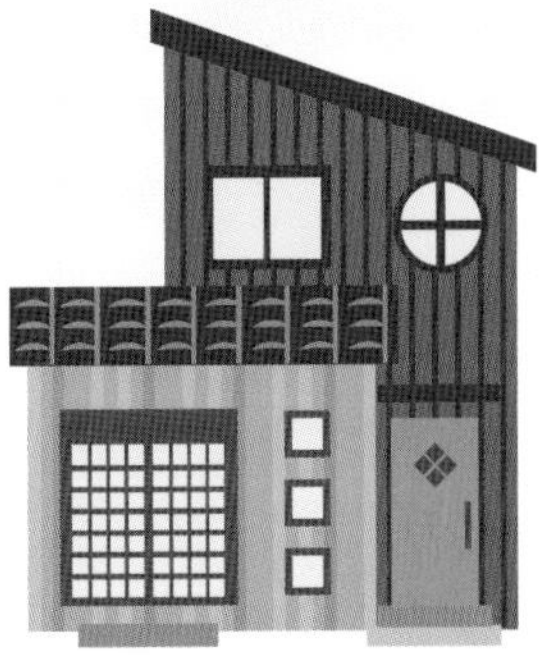

築30年もしくは途中でリフォームを
した物件。駅から徒歩10分以内。
20坪程度の木造家屋

**少し手直しのイメージ**

物件A……ほとんど手を加えず倉庫や物置として貸すケースを想定
物件B……水回り（バス・トイレ・キッチン）のみリフォーム
物件C……外壁やフローリングなど一部をリフォーム

| | しっかりリフォーム | | | 少し手直し | | |
|---|---|---|---|---|---|---|
| 物件名 | A | B | C | A | B | C |
| 物件価格 | 200万円 | 500万円 | 780万円 | 200万円 | 500万円 | 780万円 |
| 内、土地価格 | 100万円 | 250万円 | 390万円 | 100万円 | 250万円 | 390万円 |
| 内、建物価格 | 100万円 | 250万円 | 390万円 | 100万円 | 250万円 | 390万円 |
| 諸経費（10%） | 20万円 | 50万円 | 78万円 | 20万円 | 50万円 | 78万円 |
| リフォーム金額 | 1500万円 | 1200万円 | 1000万円 | 0 | 300万円 | 200万円 |
| 総投資額 | 1720万円 | 1750万円 | 1858万円 | 220万円 | 850万円 | 1058万円 |
| 固定資産税（年額） | 5万円 | 5万円 | 5万円 | 5万円 | 5万円 | 5万円 |
| 家賃 | 12万円 | 12万円 | 12万円 | 1万円 | 9万円 | 9万円 |
| 家賃収入（年額） | 144万円 | 144万円 | 144万円 | 12万円 | 108万円 | 108万円 |
| 表面利回り | 8.37 % | 8.23% | 7.75% | 5.45% | 12.71% | 10.21% |
| 償却資産総額 | 1600万円 | 1450万円 | 1390万円 | 100万円 | 550万円 | 590万円 |
| 年間償却金額 | 93万1818円 | 117万455円 | 142万9545円 | 25万円 | 76万1364円 | 106万5909円 |
| 償却終了期間 | 17.2年 | 12.4年 | 9.7年 | 4年 | 7.2年 | 5.5年 |
| 償却終了後の利回り | 144.0% | 57.6% | 36.9% | 12.0% | 43.2% | 27.7% |

※年間償却金額の算出方法：（建物価格÷ 4）＋（リフォーム代÷ 22）
※シミュレーションはあくまで一例です。利回りを保証するものではありません。固定資産税以外の諸経費は含まれていません

日本の住宅が改めて目指すべき場所は

# 再建築不可物件とSDGs推進・地域貢献

日本には再建築不可物件が数多く存在しますが、その対応が大きな注目を集めています。空き家問題を解決することが、いかに地域貢献につながるのか。その理由を見てみましょう

## 1 SDGsに貢献

### 再建築不可物件で持続可能な社会へ

近年、各国や企業活動、また個人の生活レベルでも注目を集め始めている「SDGs（持続可能な開発目標）」。実は再建築不可物件の有効活用はSDGsの開発目標に符合し、社会の持続可能性を高めることに寄与します。

具体的な例としてはまず、開発目標11番目の「住み続けられるまちづくりを」というテーマとの親和性です。空き家を、住みやすい住居として利活用する動きが活発化すれば、空き家問題の解決や安心・安全な地域づくりに直結していくでしょう。同開発目標の実現のためにも、今後は再建築不可物件に対する自治体や各省庁の縦割り対応が克服され、同時に法律や規制がより明確化されていくことが望まれます。合わせて民間レベルで活用ノウハウの蓄積・共有も急務です。

12番の「つくる責任、つかう責任」では廃棄物の発生防止や削減、再生利用及び再利用の推進が掲げられています。持続可能な開発を目標にした空き家対策も該当します。

開発目標13番目「気候変動に具体的な対策を」にも、再建築不可物件の利活用は寄与します。これに対応するため各国や各企業では$CO_2$排出量の削減、地球温暖化防止のための施策を次々と打ち出しています。不動産業界においても、省エネ性能を持つ「グリーン住宅」の存在が注目を浴びています。

一方で、再建築不可物件のような中古住宅をリノベーションして活用することは、新築住宅を新たに建てるより環境負荷が少ないことも広く認知され始めています。鉄筋コンクリート構造の建築物のシミュレーション例では、リノベーションと建替え工事を比較した場合、$CO_2$排出量は33分の1、廃棄物発生量に関しては22分の1で済むという試算もあります。

今後、再建築不可物件の利活用は、個人のメリット以上に、社会、ひいては地球の持続可能性を高めるテーマとして一層の注目を浴びていくはずです。

SDGsの11番、12番、13番が該当

新規建設と再生工事のCO2排出量比較（RCの場合）

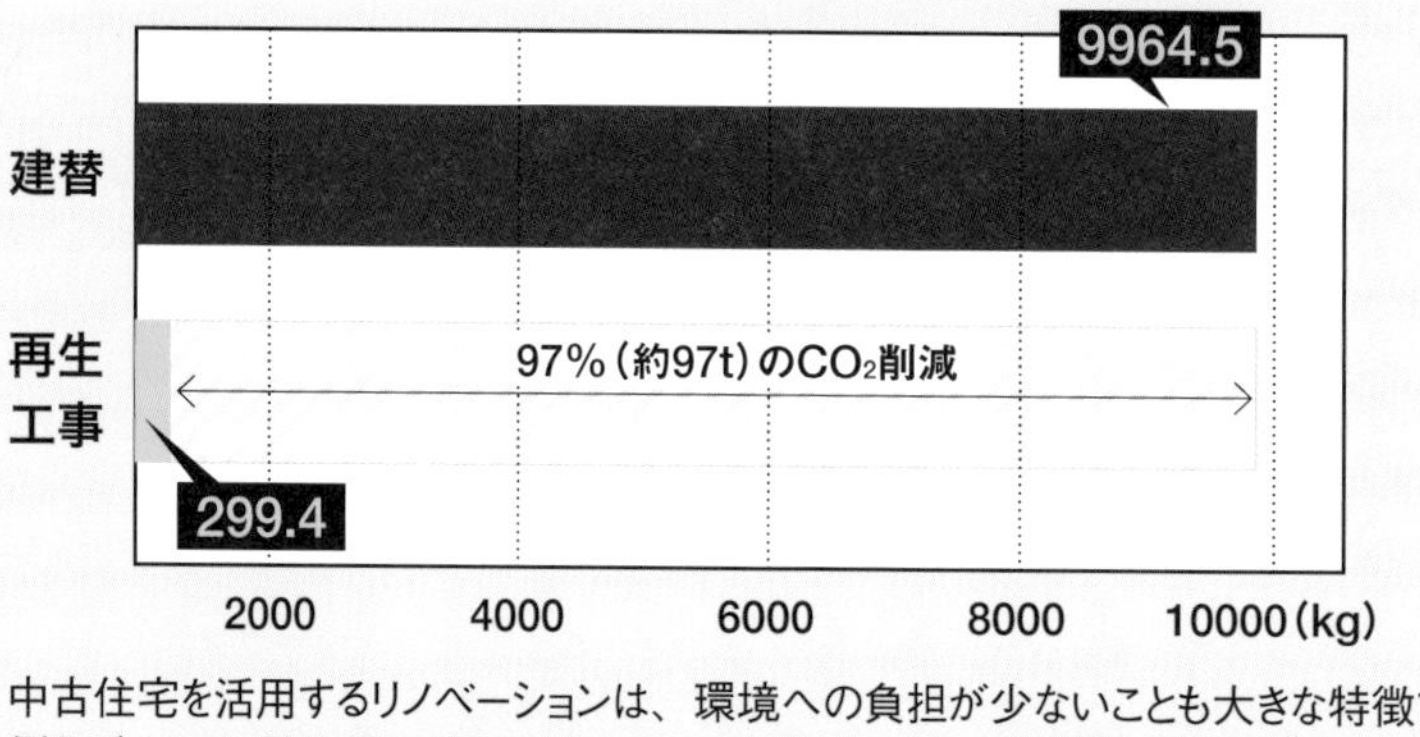


中古住宅を活用するリノベーションは、環境への負担が少ないことも大きな特徴です。例えば、$CO_2$排出量は建替工事に比べて33分の1とわずかになります。

出典：『コンバージョン［計画・設計］マニュアル』（エクスナレッジ社）

# 2 空き家問題の解決

## 地域経済の活性化につながる

　ボロボロの空き家が長年にわたって放置されると、近隣やエリア一帯に甚大な悪影響が生じます。雑草や樹木が伸び放題となり、景観が損なわれます。さらに動物が棲みつき、ゴミの投棄場所となれば、悪臭の発生や衛生環境の悪化を招きます。

　また台風などで屋根瓦など家屋の一部が落下し、隣家や通行人を直撃する危険性もあるでしょう。また、不法侵入や不法占拠、放火など犯罪による治安悪化もリスクのひとつです。

　空き家の増加は、地域経済の衰退とも密接に関わっています。近年、指摘されているのは自治体の税収を悪化させるというものです。本来、人が住むべきはずの場所に空き家が散在していると、新しい住民が引っ越してくることが難しくなるからです。

　興味深いことに、過去に日本や米国で財政破綻したいくつかの自治体では、空き家率がおよそ30%前後で共通していたという統計があります。空き家が約２０００万戸に増えるという予測があるなか、利用されるべき土地が利用できないという状況は、住人が増えないという以外にも地域や国全体にとても大きな損失を生じさせます。再建築不可物件を含む空き家を有効活用していくことは、地域活性化の重要なベースとなるのです。

　空き家リスクを解消することは、現代・日本の地域活性化、また地域に喜ばれる地域貢献の道につながるのです。

# 3 中古戸建て市場の活性化

## 新築偏重主義から脱して コンパクトシティを実現

　日本は欧米と比べて、中古物件の取引戸数が極端に低い国です。国土交通省の「既存住宅市場の活性化について」（２０２０年）によると、既存住宅（中古住宅）の流通シェア国際比較が紹介されています。米国は流通中の住宅のうち81%が中古住宅で、イギリスはさらに高く85・9%、フランスは69・8%。一方、日本はわずか14%です。欧米諸国と比較して、5分の1程度の低水準である理由は「新築こそ善」という価値観です。

　日本の住宅政策は、さまざまな理由や権益構造から長らく新築推進に偏重してきました。欧米の住宅寿命は80〜１００年ですが日本は30〜40年しかありません。空き家問題の原因の大部分が、建てては捨てるという新築偏重の政策や刷り込まれた価値観に起因しています。結果として、日本には広くて高品質な戸建ての賃貸物件がとても少ないのが現状です。

　ただ、ライフスタイルの多様化や子育て環境の変化、コロナ禍によるテレワークの普及で戸建て賃貸物件に対する潜在需要はとても高まっています。再建築不可物件をリフォームして長く住めるようにすれば、賃借人（テナント）は比較的容易にみつかるでしょう。

　再建築不可物件の利活用は、効率的な投資という文脈を超え、大きな社会的意義があります。再建築不可物件を含む中古住宅市場が活性化すれば、空き家問題の解決のみならず、廃棄物の削減、ひいてはコンパクトシティの実現も可能になります。

　再建築不可物件の活用を推進することは、新築偏重の価値観を正し、日本に新たな住宅文化を構築するための試金石でもあるのです。

【著者】

## 入江尚之

1964年生まれ。株式会社インクコーポレーション代表。リフォーム、クリーニング業界の第一人者。「10年保証の洗えるクロス」を開発し、大ヒット商品に。その後も「タバコのコゲが消せる床材」、「割れないポスト」など数々のアイデア商品を次々に開発。ビジネスの立場から地球環境問題にも取り組み、問題提起を続ける21世紀型の経営者。著書に『禅の思想で幸せな大富豪』『ビジネスマンに贈る366日の朝メール』（ともに文芸社）などがある

## 再建築不可物件研究会

再建築不可物件のリサーチ及び専門的知識の普及を目的とした研究会。宅地建物取引士を持った専門家や、不動産業界に詳しいライター・編集者を主要メンバーに、都内の不動産業者などと連携し情報を発信している

【監修】

## 株式会社インクコーポレーション

1992年創業。アパート・マンションの入退去時のクリーニングをパッケージ化してリフォーム業界に参入。以降、リフォーム業・内装材販売・不動産業・輸入建材販売・ジェネリックチェア販売など幅広く行う。世界初となる10年保証の「洗えるクロス」をはじめ、タバコのコゲが消せる床材「ウッドタイル」、犬や猫のひっかき傷に強い「ボーダークロス」、差し込むだけで貼れる「クリックウッド」、好きなサイズにカットできる洗面化粧台「切れる洗面」、既存のクロスに貼って剥がせる「フリースクロス」など多数のオリジナル商品を開発。2001年から、再建築不可物件の買取からリフォームまでを行う事業部を設立。再建築不可物件所有数日本一を誇る

インクコーポレーション
再建築不可物件専門サイト

インクコーポレーション
公式サイト

STAFF
編集協力：河 鐘基（ロボティア）、慎 虎俊
撮影：石田 寛
漫画：加藤のりこ
イラスト：イラストAC
写真：PHOTO AC、ShutterStock.com、ピクスタ
校正：聚珍社


# 「再建築不可物件」完全読本

2021年7月15日　第1刷発行

著　者　入江尚之＋再建築不可物件研究会
監　修　株式会社 インクコーポレーション

発行者　江　建
発行所　株式会社ライチブックス
〒150-0021 東京都渋谷区恵比寿西1-15-2
電話　03-6427-3191
http://lychee-books.com

装丁・本文デザイン　新井国悦（PEDAL DESIGN）
印刷・製本　モリモト印刷株式会社

ISBN978-4-910522-01-2